文海政治

中国文化百科

变法

励精图治之道

郭伟伟 编著　胡元斌 丛书主编

汕头大学出版社

图书在版编目（CIP）数据

变法：励精图治之道 / 郭伟伟编著. -- 汕头：汕
头大学出版社，2015.2（2020.1重印）
（中国文化百科 / 胡元斌主编）
ISBN 978-7-5658-1572-0

Ⅰ．①变… Ⅱ．①郭… Ⅲ．①政治改革－中国 Ⅳ．
①D69

中国版本图书馆CIP数据核字(2015)第020918号

变法：励精图治之道　　　　BIANFA：LIJING TUZHI ZHIDAO

编　　著：郭伟伟
丛书主编：胡元斌
责任编辑：邹　峰
封面设计：大华文苑
责任技编：黄东生
出版发行：汕头大学出版社
　　　　　广东省汕头市大学路243号汕头大学校园内　邮政编码：515063
电　　话：0754-82904613
印　　刷：三河市燕春印务有限公司
开　　本：700mm×1000mm　1/16
印　　张：7
字　　数：50千字
版　　次：2015年2月第1版
印　　次：2020年1月第2次印刷
定　　价：29.80元
ISBN 978-7-5658-1572-0

前　言

　　中华文化也叫华夏文化、华夏文明，是中国各民族文化的总称，是中华文明在发展过程中汇集而成的一种反映民族特质和风貌的民族文化，是中华民族历史上各种物态文化、精神文化、行为文化等方面的总体表现。

　　中华文化是居住在中国地域内的中华民族及其祖先所创造的、为中华民族世世代代所继承发展的、具有鲜明民族特色而内涵博大精深的传统优良文化，历史十分悠久，流传非常广泛，在世界上拥有巨大的影响。

　　中华文化源远流长，最直接的源头是黄河文化与长江文化，这两大文化浪涛经过千百年冲刷洗礼和不断交流、融合以及沉淀，最终形成了求同存异、兼收并蓄的中华文化。千百年来，中华文化薪火相传，一脉相承，是世界上唯一五千年绵延不绝从没中断的古老文化，并始终充满了生机与活力，这充分展现了中华文化顽强的生命力。

　　中华文化的顽强生命力，已经深深熔铸到我们的创造力和凝聚力中，是我们民族的基因。中华民族的精神，也已深深植根于绵延数千年的优秀文化传统之中，是我们的精神家园。总之，中国文化博大精深，是中华各族人民五千年来创造、传承下来的物质文明和精神文明的总和，其内容包罗万象，浩若星汉，具有很强文化纵深，蕴含丰富宝藏。

　　中华文化主要包括文明悠久的历史形态、持续发展的古代经济、特色鲜明的书法绘画、美轮美奂的古典工艺、异彩纷呈的文学艺术、欢乐祥和的歌舞娱乐、独具特色的语言文字、匠心独运的国宝器物、辉煌灿烂的科技发明、得天独厚的壮丽河山，等等，充分显示了中华民族厚重的文化底蕴和强大的民族凝聚力，风华独具，自成一体，规模宏大，底蕴悠远，具有永恒的生命力和传世价值。

在新的世纪，我们要实现中华民族的复兴，首先就要继承和发展五千年来优秀的、光明的、先进的、科学的、文明的和令人自豪的文化遗产，融合古今中外一切文化精华，构建具有中国特色的现代民族文化，向世界和未来展示中华民族的文化力量、文化价值、文化形态与文化风采，实现我们伟大的"中国梦"。

习近平总书记说："中华文化源远流长，积淀着中华民族最深层的精神追求，代表着中华民族独特的精神标识，为中华民族生生不息、发展壮大提供了丰厚滋养。中华传统美德是中华文化精髓，蕴含着丰富的思想道德资源。不忘本来才能开辟未来，善于继承才能更好创新。对历史文化特别是先人传承下来的价值理念和道德规范，要坚持古为今用、推陈出新，有鉴别地加以对待，有扬弃地予以继承，努力用中华民族创造的一切精神财富来以文化人、以文育人。"

为此，在有关部门和专家指导下，我们收集整理了大量古今资料和最新研究成果，特别编撰了本套《中国文化百科》。本套书包括了中国文化的各个方面，充分显示了中华民族厚重文化底蕴和强大民族凝聚力，具有极强的系统性、广博性和规模性。

本套作品根据中华文化形态的结构模式，共分为10套，每套冠以具有丰富内涵的套书名。再以归类细分的形式或约定俗成的说法，每套分为10册，每册冠以别具深意的主标题书名和明确直观的副标题书名。每套自成体系，每册相互补充，横向开拓，纵向深入，全景式反映了整个中华文化的博大规模，凝聚性体现了整个中华文化的厚重精深，可以说是全面展现中华文化的大博览。因此，非常适合广大读者阅读和珍藏，也非常适合各级图书馆装备和陈列。

目 录

推行新政

矫国更俗

革故

春秋战国是我国历史上的上古时期。这一时期是我国奴隶制崩溃、封建制确立的过渡时期，并出现了我国历史上的第一次思想大解放，形成了"百家争鸣"的局面。

在这样的历史背景下，各国变法运动风起云涌，涌现出管仲、子产、李悝、吴起、申不害、赵武灵王及商鞅这样的改革家。

这些改革先行者在经济、政治、军事、文化等方面的变法，为奴隶制向封建制过渡进行了革故鼎新。他们名垂千秋，永载史册。

齐国管仲改革

管仲是春秋时期著名的政治家、军事家、思想家和经济学家。

管仲的一生，不仅建立了彪炳史册的功勋，还给后世留下了一部以他名字命名的巨著——《管子》。他主张法治，全国上下贵贱都要

守法，赏罚功过都要以法办事；重视发展经济，认为国家的安定与否、人民的守法与否，与经济发展关系十分密切；主张尊重民意，以"顺民心为本"。

他在内政、军事、经济和外交方面的变法改革，不仅使齐国大治，也使齐桓公成为春秋时期的第一霸主。由于他卓越的历史功绩，被称为"春秋第一相"。

管仲少时贫困，曾和鲍叔牙合伙经商。在齐国的齐桓公与其兄弟公子纠争夺王位时，管仲曾经助公子纠争位，此举失败后，他经好友鲍叔牙推荐到了齐桓公这里。

当时的齐国已经出现严重的财政危机，国库空虚，同时齐国面临着复杂的外部形势，各邻国之间不断发生战乱，而对齐国也是虎视眈眈。在这种情况下，齐桓公经常同管仲商谈国家大事。

一次齐桓公召见管仲，首先把想了很久的问题摆了出来："你认为的国家可以安定下来吗？"

管仲通过这个阶段的接触，深知齐桓公的政治抱负，但又没有互相谈论过，于是管仲就直截了当地说："如果你决心称霸诸侯，国家就可以安定富强，你如果要安于现状，国家就不能安定富强。"

齐桓公听后又问："我还不敢说这样的大话，等到将来见机行事吧！"

管仲被齐桓公的诚恳所感动，于是他急忙向齐桓公表示："君王免臣死罪，这是我的万幸。臣能苟且偷生到今天，不为公子纠而死，就是为了富国家强社稷；如果不是这样，那臣就是贪生怕死，一心为升官发财了。"

齐桓公被管仲的肺腑之言所感动，便极力挽留，并表示决心以霸业为己任，希望管仲为之出力。

后来，齐桓公又和管仲进行了多次的探讨。由于管仲系统地论述了治国称霸之道，使齐桓公的全部问题都迎刃而解，不久就拜管仲为相，主持政事。齐桓公还用古代帝王对重臣的尊称"仲父"来称谓管仲。

于是，管仲站在历史的前沿，以一个改革者的魄力，对齐国的内政、军事、经济和外交实施了全面性的改革。

在政治方面，管仲通过行政区划，把国都划分为6个工商乡和15个士乡，共21个乡。15个士乡是齐国的主要兵源。齐桓公自己管理5个乡，上卿国子和高子各管5个乡。

管仲又把行政机构分为3个部门，制订三官制度。官吏有三宰。工业立三族，商业立三乡，川泽业立三虞，山林业立三衡。郊外30家为一邑，每邑设一司官。10邑为一卒，每卒设一卒师。10卒为一乡，每

乡设一乡师。3乡为一县，每县设一县师。10县为一属，每属设大夫。全国共有5属，设5大夫。

每年初，由5属大夫把属内情况向齐桓公汇报，督察其功过。于是全国形成统一的整体。

管仲整顿行政系统的目的是"定民之居"，使士、农、工、商各就其业，从而使部落的残余影响被彻底革除，行政区域的组织结构更加精细化，并且有效地维护了社会稳定。

在军事方面，管仲强调寓兵于农，规定国都中5家为一轨，每轨设一轨长。10轨为一里，每里设里有司。4里为一连，每连设一连长。10连为一乡，每乡设一乡良人，主管乡的军令。

战时组成军队，每户出1人，一轨5人，5人为一伍，由轨长带领。一里50人，50人为一小戎，由里有司带领。

一连200人，200人为一卒，由连长带领。一乡2000人，2000人为一旅，由乡良人带领。5乡1万人，立一元帅，1万人为一军，由5乡元帅率领。齐桓公、国子、高傒3人就是元帅。这样把保甲制和军队组织紧密结合在一起，每年春秋以狩猎来训练军队，于是提高了军队的战斗力。

管仲又规定全国百姓不准随意迁徙。人们之间团结居住，夜间作

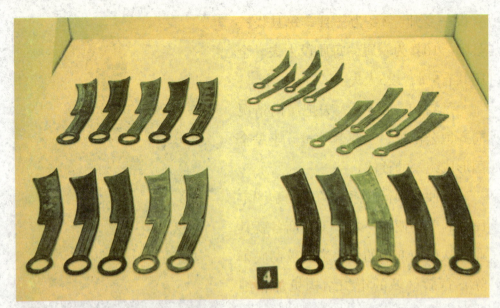

战，只要听到声音就辨别出敌我；白天作战，只要看见容貌，大家就能认识。

为了解决军队的武器，管仲规定犯罪可以用盔甲和武器来赎罪。犯重罪，可用甲与车戟赎罪。犯轻罪，可以用值与车戟赎罪。犯小罪，可以用铜铁赎罪。这样可补充军队的装备不足。

管仲的军事改革，不仅实行了军政合一，也达到了利用宗族关系来加强国家常备军事力量的目的。

在经济方面，管仲提出了"相地而衰"的土地税收政策，就是根据土地的好坏不同，来征收多少不等的赋税。这一政策，使赋税负担趋于合理，提高了人民的生产积极性。

管仲又提倡发展经济，积财通货，设"轻重九府"，观察年景丰歉，人民的需求，来收散粮食和物品。又规定国家铸造钱币，发展渔业、盐业，鼓励与境外的贸易，齐国经济开始繁荣起来。

改革初见成效，这时齐桓公认为，现在国富民强，有资格会盟诸侯了。但管仲谏阻道："当今诸侯，强于齐者甚众，南有荆楚，西有秦晋，然而他们自逞其雄，不知尊奉周王，所以不能称霸。周王室虽已衰微，但仍是天下共主。东迁以来，诸侯不去朝拜，不知君父。您要是以尊王攘夷相号召，海内诸侯必然望风归附。"

管仲说的"尊王攘夷"，就是尊重周朝王室，承认周天子的共同领袖的地位；联合各诸侯国，共同抵御戎、狄等部族对中原的侵扰。攘夷于外，必须尊王，顺应了当时戎狄内侵、中原各国关注如何抵御的态势。尊王成为当时一面正义旗帜。

在管仲"尊王攘夷"的建议下，齐国先是与邻国修好：归还给鲁国以前侵占的棠、潜两邑，让鲁国作为南边的屏障；归还卫国以前侵占的台、原、姑、漆里4个邑，让卫国成为西边的屏障；归还燕国以前侵占的柴夫、吠狗两邑，让燕国成为北部的屏障。

公元前681年，在甄召集宋、陈、蔡、邾四国诸侯会盟。通过会

盟,齐桓公在诸国间获得了极高的威信,最终成为春秋时期第一位霸主。

此外,作为一个思想家,管仲推行礼、法并重,也就是推行道德教化,也可以称之为"德治",形成了"霸业"和"礼治"相结合的思想体系。这就是他的礼、法统一理论。

管仲曾经说:"仓库充实了,人才知道礼仪节操,衣食富足了;人才懂得荣誉和耻辱。君主如能带头遵守法度,那么,父母兄弟妻子之间便会亲密无间。礼义廉耻得不到伸张,国家就要灭亡。国家颁布的政令像流水的源泉一样畅通无阻,是因为它能顺应民心。"

管仲的礼、法统一理论认为:在治国的过程中,礼义教化与厉行法制是相辅相成的。这一理论较之儒家的重礼教轻法制,较之秦晋法家的严刑峻法,较之道家的无为而治思想,无疑是一种更全面,更有价值的理论。

管仲改革实质是废除奴隶制,向封建制过渡。他的改革不仅是对我国夏、商、周1000余年政治发展史的总结,而且开启了一个全新的时代。

管仲的改革措施使齐国的实力迅速强大起来,齐国出现了人民富足、社会安定的繁荣局面。齐国衰微的国势迅速上升,为齐桓公的图霸和齐国以后长期的大国地位奠定了基础。

管仲的改革措施为诸侯国开创了全新的政治改革模式，对一个国家的政治、经济、社会、军事、外交等方面进行了系统的制度化改良，从而为诸侯国如何成长为一个真正的"大国"建立了全面而系统的改革模式。因此，他的改革成为了春秋战国时期一系列改革运动的肇始先声。

管仲的改革措施对后世有大量可以思考回味之处，比如重农而不抑商，再如藏富于民和寓兵于民的策略，的确是很高明，足以让后世统治者作为参考。

走进历史深处，当我们真正领略了管仲改革的风采，我们不得不在心灵深处为管仲在那个遥远的时代所做的一切感到震撼！

拓展阅读

管仲与鲍叔牙感情非常深厚，鲍叔牙对他也有着深刻的了解。管仲当初贫困的时候，曾经和鲍叔牙一起经商，分财利时自己常常多拿一些，但鲍叔牙并不认为他贪财，知道他是由于生活贫困的缘故。

管仲曾经3次做官，3次都被君主免职，但鲍叔牙并不认为他没有才干，知道他是由于没有遇到好时机。管仲曾3次作战，3次都战败逃跑，但鲍叔牙并不认为他胆小，知道这是由于他还有老母的缘故。

管仲晚年曾数次向人说："生我的是父母，但了解我的却是鲍叔牙啊！"

赵武灵王改革

赵武灵王是我国战国中后期赵国的一位奋发有为的君主。

他从赵国的实际出发，通过以"胡服骑射"为代表的一系列改革措施，使赵国在人力、物力上得以优化配置；同时，推进了中原华夏民族与北方游牧民族相互融合的历史进程。

赵武灵王"胡服骑射"是我国古代军事史上的一次大变革，被历代史学家传为佳话。特别是赵武灵王以敢为天下先的进取精神，力排众议，冲破守旧势力的阻挠，坚决向夷狄学习，表现了作为古代社会改革家的魄力和胆识。赵武灵王不愧是一位值得后人纪念和效法的杰出历史人物。

赵武灵王即位的时候，赵国正处在国势衰落时期，就连中山那样的邻界小国也经常来侵扰。而在和一些大国的战争中，赵国常吃败仗，城邑被占。

赵国眼看着被别国兼并，为了富国强兵，赵武灵王提出"着胡服"、"习骑射"的主张，决心取北方胡人之长补中原之短。

"胡服骑射"的直接起因是赵国和中山国的宿怨。当时赵国，东有齐王国和中山王国，北有燕王国和东胡部落，西有楼烦部落和秦王国及韩王国边界。

赵国的边防部队，仍使用传统武器，缺乏现代化装备，一旦敌人发动突然攻击，很难防御。中山王国就曾经仗恃齐王国撑腰，侵略赵国的土地，奴役赵国的人民。

赵武灵王之所以改变服装，更新战备，就是为了准备应变，报中山王国之仇。其实，赵武灵王实行"胡服骑射"除了为适应同周边国家的军事竞争外，还有更深层的原因。赵国是一个游牧文明重于农耕文明的国家。

赵国是华夏系统中与北方戎狄各族交流最全面、最深刻的国家，权贵家族与戎狄的通婚程度很高。赵国的文化如同他们国君的血统里有大量的戎狄之血一样，是中原农耕文明与北方游牧民族的混合体。

　　赵武灵王即位后，重用出身于楼烦的楼缓和出身于匈奴的仇液，再加上父亲的托孤重臣肥义，赵国的戎狄外族之臣，就成了赵武灵王最重要的一批助手。

　　赵国曾经采用了异地就任制，即让戎狄大臣到中原的邯郸任职，让华夏族大臣到北方的代郡任职，以期达到加强两种文化的交流的目的，但这种办法功效不大，代郡与邯郸在过去的100多年里成为了赵国政变的两个牢固据点。

　　而且，代郡的势力不断渗入到游牧文明的另一个重镇太原郡，邯郸则控制了地近中原的上党郡，赵国的南北分裂局势在扩大。

　　邯郸与代郡实际上是赵国执行南北不同攻略的两个国都。赵国的两种文化、两大政治势力处于不断的争斗状态，而且越离越远，这需要赵武灵王铁腕整合，明确各自的地位，将其整合为一个依赖重于排斥的整体。

此外，赵国与林胡、楼烦、东胡、义渠、空同、中山等游牧民族国家接壤，国民中有大量的胡人和胡人后裔，胡人文化在赵国也是根深蒂固的。正是由于赵国的游牧文明占上风，所以，赵武灵王适应客观情况，大力提倡胡化是符合实际的。"胡服骑射"最重要的目的是为了解决以代郡和邯郸为代表的两种文化、两种政治势力造成的南北分裂局面。

为了提高国民对在全国实行"胡服骑射"政策的信心，赵武灵王用他有限的骑兵在对中山的战争中取得了一系列的胜利，在声势上为"胡服骑射"的好处做了现实、有力的宣传。

赵武灵王率领骑兵向北进攻中山国，并大败中山国主力部队，从南至北横穿中山国，到达赵国的代郡，如入无人之境，大大地鼓舞了赵国国民的信心。

赵武灵王又到达赵国与楼烦边境，继而穿过楼烦和林胡的势力范围，向西折向黄河。赵武灵王渡过黄河，登上了黄河西侧、林胡人长期活动的地带。

在此行中，赵武灵王与游牧民族的骑兵发生多次战斗，无一败绩。在先声夺人后，赵武灵王开始找两边的代表人物征求意见。一方是有戎狄背景的肥义、楼缓和仇液等人，他们当然同意，而且从赵国的国情、地形和人文等现实情况出发，有力地论述了施行"胡服骑射"对国家结束分裂、增强国家的竞争力和促成国家深刻统一的好处。

另一方是以赵武灵王的叔叔公子成为代表的赵国宗室贵族，他们不愿丢掉手中的权力，认为"胡服骑射"必将引起全国范围内的各项国家政策随之改变，他们以变动太大容易造成国内局势的不稳定为由，阻止赵武灵王的"胡服骑射"。

为了说服那些保守势力的代表，赵武灵王循循善诱、晓之以理，并耐心地说服宗室贵族集团的首领公子成，向他表明自己改革的决心和对以"胡服骑射"为标志的全面改革的整体构想。公子成最终被说服了。由于公子成对"胡服骑射"的接受，赵国的宗室贵族如赵文、赵造、赵俊等人也就都跟着同意了。于是，赵武灵王正式颁布法令，赵国全境实行"胡服骑射"。

赵武灵王以能任官，明确了游牧文化的主导地位，结果大批出身低贱和有戎狄背景的人得到重用。赵武灵王主动打破华夏贵、戎狄卑传统观念的勇气，在中原各国中是十分罕见的。

赵武灵王把自己训练的精锐骑兵作为军官教导团，开始培训骑兵军官。原来的步兵和步兵将领要想转为骑兵，必须要经过严格的培训和考试。

同时，赵武灵王还招募大量的胡人，充实到骑兵队

伍中。由于赵武灵王控制了
骑兵的军官，这支新组建的
骑兵军不同于以往的骑兵雇
佣军，被赵武灵王牢牢地控
制着指挥权。

赵武灵王借组建骑兵、
选拔骑兵的机会，对赵国的
步兵系统也进行了一次从上
至下的大整顿，亲自选拔步
兵将领。赵武灵王选拔军事
将领严格遵循能力原则。

这样，国民中许多有能
力的人都得到了任用，而大批的赵国宗室贵族遭到了裁撤。赵武灵王
通过对军队系统的调整、改建，更稳固地控制了赵国的军权。

赵武灵王组建的骑兵是一个技术性比较强的兵种，对将领和战士
的选拔与训练都很严格。"胡服骑射"改革后，赵国的军事将领主要
是从骑兵中产生，至少要有在骑兵部队服役过的经历。

由于骑兵的特高待遇和非常好的军官前途，赵国的百姓都希望自
己的家里能够出一个骑兵，最好是一个骑兵将领。于是，赵人养马蔚
然成风。

赵武灵王组建的骑兵其装备比步兵要复杂得多。一个骑兵必须要
有两匹马，用特制的骑兵弓，配备不同用途的箭，要有长刀和短刀，
夜里御寒的皮蓬和可供长途奔袭的口粮和水。

骑兵的服务人员也很多，有负责养马的，负责收集牧草的，给马

看病的，直接为骑兵服务的奴婢。骑兵的武器装备不同于步兵，主要由胡人工匠负责生产。

骑兵的流动性也很强，兵籍管理和给养保障比步兵要复杂得多，必须要新建立一个政府服务部门专门为之服务。赵国国内的马匹也都建立了马籍，以便于国家对全国骑战潜能的掌握和调用。

此外，由于骑兵用具中有大量的皮革制品，对牛羊的需求很大。所以，与游牧生活相关的生产得到了很大的发展。赵武灵王命人对全

国的户籍和牛、马等大型牲口进行了普查，建立了可靠的管理体系。

骑兵本身就是一种胡人文化，赵武灵王在全国推广"胡服骑射"后，本来在赵国就占有主要地位的胡人文化由于正式得到了国家的肯定和扶持，胡人的生产方式和生活方式的地位得到了很大的提高。胡人歌舞、胡人医药、胡人服饰、胡人语言，都在赵国得到了更大范围的普及。

赵武灵王大力推广军功贵族制度，并借助对全国人口普查与统计，将宗室贵族和地主隐瞒的人口都查了出来，扩大了国家掌握的税源和劳动力资源。赵国原有的宗室贵族体系遭到沉重打击。赵武灵王推广的军功制度成为赵国军民求富贵的主要途径。

经过赵武灵王重新装备的赵国士兵，他们的形象与中原各国的士兵形象差别较大，而与楼烦、林胡这些胡人倒很相似。赵武灵王本人也能操胡语，惯住帐篷，喜欢水草生活。

赵武灵王"胡服骑射"对赵国造成了很大的影响，使之更趋近于游牧经济。对游牧经济、骑兵生活熟悉的大量胡人精英通过选拔，进入到赵国的军政领导层，改变了赵国的权力结构。胡人文化升扬，稳固了其在赵国的主导地位。

赵武灵王的"胡服骑射"也对赵国的国民性格进行了重新的塑造，在赵武灵王的宣扬下，胡人吃苦耐劳、重义尚武的精神，对赵国国民的心理产生了巨大的影响。

同时，这一改革减弱了华夏民族鄙视胡人的心理，增强了胡人对华夏民族的归依心理，缩短了两者之间的心理距离，奠定了中原华夏民族与北方游牧民族融合的基础，进而推进了民族融合。

在赵武灵王推行"胡服骑射"之后，胡服成为我国军队中最早的正规军装，以后逐渐演变改进为后来的盔甲装备。使"习胡服，求便利"成了我国服饰变化的总体倾向。

拓展阅读

赵武灵王为了打败秦国，决定亲自到秦国去考察地形，再观察一下秦昭襄王的为人。他打扮成赵国的一名使臣，带着几个手下人，到秦国咸阳去拜见秦昭襄王。

秦昭襄王觉得这个使臣既大方，又威严，不像个普通人，心里有点犯疑。过了几天，秦昭襄王又派人去请他，发现赵国使臣已不告而别。

秦昭襄王后来知道他接见的使臣就是有名的赵武灵王，不禁大吃一惊，立刻叫大将白起带精兵连夜追赶。追兵到函谷关，赵武灵王已经出关3天了。

秦国商鞅变法

商鞅是战国时代政治家、改革家和思想家、法家代表人物。

商鞅通过变法，使秦国经济发展，出现了"家给人足"的繁荣景象，全国百姓以私下斗殴为耻，以为国家立下战功为荣，国家战斗力不断增强，富国强兵的秦国，成为战国后期最强大的国家。

商鞅变法是战国时期最彻底的一次变法。它不仅推进了秦国社会的发展，而且推动宗法分封制向中央集权制转型，为秦始皇建立大一统帝国奠定了基础，对后世产生了深远的影响。

变法成果被秦国继承和发扬，更使得秦国封建法制得以迅速发展与完善。

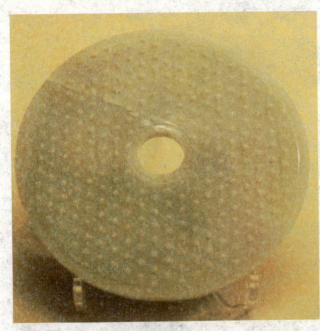

战国初年，随着新兴地主阶级的经济实力的增长，要求获得相应的政治权利。因此纷纷要求在政治上进行改革，发展封建经济，建立地主阶级统治。

而此时的周王室其统治已经名存实亡，主宰天下的是齐、楚、燕、韩、赵、魏、秦七国。这七国不断地进行兼并战争，都想统一天下。

如何加强实力呢？出路只有一条，就是改革。当时各国纷纷进行改革，秦国也是其中之一。

秦国地处西陲，因经济、文化落后、百姓蒙昧、国力衰微，常遭魏国等中原大国的歧视和欺负。这种形势逼得秦国不得不进行改革。秦国商鞅变法正是在这种背景下发生的。

公元前361年，秦孝公即位。这时的秦国更加不为各国重视，连权力被架空的周天子都不愿意搭理秦国。于是，秦孝公决心改变秦国的形象，并在即位当年颁布了求贤令："不管是本国人，还是外国人，谁有好办法使秦国富强起来，就封他做大官，赏给他土地。"

当时有个卫国没落贵族商鞅，欲展才学，他见到秦孝公的"求贤令"后，就投秦一试。商鞅见到秦孝公，阐述了自己的治国理论，认为秦国要想强盛，唯有变法图新。秦孝公闻言大悦，与商鞅秉烛达旦三日。秦孝公变法决心既定，封商鞅为左庶长，统令变法事宜。

商鞅变法的法令已经准备就绪，但没有公布。他担心百姓不相信自己，就在国都集市的南门外竖起一根3丈高的木头，并告示说："谁能把这根木头扛到北门去，赏他10两金子。"

此言一出，观者哗然，因为扛这根木头到北门去实在不是一件太难的事。大家议论纷纷，但就是没人上前，都怕其中有诈。

看看围观者越来越多，商鞅又下令将赏金加至50两。话音刚落，一个红脸汉子推开人群走到木头跟前说："我来试试，最多不过是白扛一趟呗。"说着，他一哈腰，一较劲，一下子将木头扛到肩上，大步流星直向北门走去。左庶长商鞅连声夸赞这汉子是个好百姓，并当众兑现了50两赏金。

这件事一下子就在全城轰动开了，大家都说左庶长言而有信，对他下的命令一定要认真执行才是。公元前356年，商鞅正式公布了第一次变法令，包括了以下3项的内容：

一是编制户籍，整顿社会治安。建立了什伍组织，就是5家为一"伍"，10家为一"什"，各家互相担保，互相监视。一家犯了罪，9家都要检举，否则10家一起判罪。检举坏人和杀敌人一样有赏，窝藏坏人和投降敌人一样处罚。外出必须携带凭证，没有证件各地不准留宿。

二是奖励发展生产。老百姓努力生产，粮食布帛贡献多的，可以免除一家劳役；懒惰和弃农经商的，连同妻子、儿女一同充为官奴。一家有两个儿子以上，成人以后就要分家，各自交税，否则一人要交两份税。

三是奖励军功。一律按军功大小授予官位和爵位；军事上没有功劳的，即使有钱也不能过豪华生活，就是贵族也只能享受平民的生活。

新法一公布，就遭到了旧贵族势力的强烈反对，因为他们的许多特权都被剥夺了。大臣甘龙等人公开与商鞅论战，其他反对派也到处攻击新法。

商鞅面对贵族们的挑战毫不退缩，他命人把反对派统统抓起来。这样一来，再也没人敢公开跳出来反对新法了。

经过几年的变法图新，秦国的实力大为提高。老百姓男耕女织，粮食布帛渐渐多了，社会秩序也好得多，出现了"夜不闭户，路不拾遗"的升平局面。秦国渐渐富强起来。

公元前350年，在秦孝公的全力支持下，商鞅又公布了第二次变法令。商鞅的第二次变法，主要是两条：一是"废井田、开阡陌"和"封疆"；二是实行县制。

商鞅在经济上推行的重大举措是"废井田、开阡陌"。所谓"阡陌",指"井田"中间灌溉的水渠及相应的纵横道路,纵者称"阡",横者称"陌"。所谓"封疆"就是奴隶主贵族受封的界限。

"废井田、开阡陌"和"封疆"就是把标志土地国有的阡陌封疆去掉,废除奴隶制土地国有制,实行土地私有制。从法律上废除了井田制度。

法令规定,谁开垦的土地就归谁所有,田地可以自由买卖。这样就破坏了奴隶制的生产关系,促进了封建经济的发展。

同时,建立地方行政机构,把贵族封邑之外的土地、人口统编为31个大县,由中央直接任命官吏进行管理。为了便于向东发展,又将国都从原来的雍城迁到渭河北面的咸阳。

商鞅推行重农抑商的政策。规定,生产粮食和布帛多的,可免除本人劳役和赋税,以农业为"本业",以商业为"末业"。因弃本求末,或游手好闲而贫穷者,全家罚为官奴。

商鞅还招募无地农民到秦国开荒。为鼓励小农经济,还规定凡一

户有两个儿子,到成人年龄必须分家,独立谋生,否则要出双倍赋税。禁止父子兄弟同室居住,推行小家庭政策。这些政策有利于增殖人口、征发徭役和户口税,发展封建经济。

实行县制是商鞅在第二次变法中的又一重大举措。规定以县为地方行政单位,废除分封制。县设县令以主县政,设县丞以辅佐县令,设县尉以掌管军事。县下辖若干都、乡、邑、聚。

商鞅通过县的设置,把领主对领邑内的政治特权收归中央。该措施有力地配合了"废井田、开阡陌"政策,用政治手段保证了土地私有,巩固了中央集权的封建统治,削弱了豪门贵族在地方的权力。

后来秦国在统一全国的过程中,在新占地区设郡。郡的范围较大,又有边防军管性质,因之郡的长官称郡守。随着秦国实力的增强,郡内形势稳定,便转向了以民政管理为主,于是在郡下设若干县,最终形成秦始皇统治时的郡县制。

此外,商鞅还统一度量衡。此前秦国各地度量衡不统一,为了保证国家的赋税收入,商鞅制造了标准的度量衡器,如今传世的"商鞅

量"上有铭文记载了秦孝公"十八年"、"大良造鞅"监造等。

由量器及其铭文可知，当时统一度量衡一事是十分严肃认真的。商鞅还统一了斗、桶、权、衡、丈、尺等度量衡。要求秦国人必须严格执行，不得违犯。

商鞅统一度量衡，使全国上下有了标准的度量准则，为人们从事经济、文化的交流活动提供了便利的条件。统一了的度量衡对赋税制和俸禄制的统一产生了积极作用，有利于消除地方割据势力的影响，也为后来秦始皇统一度量衡奠定了基础。

商鞅第二次变法令的颁布，更加削弱了旧贵族的势力，引起了他们更强烈的仇视。旧贵族们慑于商鞅的强硬手法，不敢公开跳出来反对，就挑唆太子出面。

太子出面反对变法，使已经升任大良造、统管秦国军政大权的商鞅十分为难。太子是国君的继承人，自然不能治他的罪，但若不予理睬，很可能使变法遭到失败。

于是，商鞅本奏秦孝公说："朝廷的法令必须上下共同遵守，如在上的人不遵守，下面的百姓就会对朝廷失去信任，新法就不能贯彻始终。所以太子犯法，应与百姓同罪。"

商鞅接着说："太子的过错，完全是他的两位老师长期以来恶意教唆的结果。太子年幼，他的言行，应该由老师负责。所以，我请求大王允许将太子的两位老师治罪。"

秦孝公看到太子脱了干系，也就很痛快地答应了商鞅的请求，将太子的两位老师公子虔和公孙贾，分别处以割鼻和刺字的刑法。这样一来，其余的大臣就更不敢批评新法了。

秦国地广人稀，邻近的三晋人多地少，商鞅就请秦孝公出了赏格，叫邻国的农民到秦国来种地，给他们田地和住房。秦国人自己则主要用于服兵役，增强了秦军的战斗力。

秦孝公任用商鞅变法，前后不过20年的时间，秦国就从一个荒蛮之邦一跃而为"战国七雄"中最富强的国家，周天子还特意派使臣去慰劳秦孝公，封他为"方伯"，承认了秦国的霸主地位。

商鞅是我国历史上乃至世界历史上最伟大最成功的改革家之一，他的变法为是战国时期最彻底的一次变法。变法中确立的生产方式，推动了秦国社会的发展；变法中确立的行政体制，推动了宗法分封制向中央集权制转型。商鞅变法为后来的秦始皇建立大一统帝国奠定了基础，对后世产生了深远的影响。

拓展阅读

长期以来，魏对秦的威胁最大。因为魏当时是战国七雄中的头号强国，而秦国力量较弱，黄河以西大片土地一直在魏国的控制之下。商鞅变法之后，秦国兵强马壮，准备收复失地。

公元前340年，齐、赵两国向魏进攻，魏国形势危急。商鞅认为这正是一个好机会，便亲率大军进攻魏国。秦军先头部队一鼓作气攻占了魏国的都城安邑，逼得魏国迁都议和。

为了表彰商鞅的功绩，秦孝公将商邑一带的15座城池封给了他，称他为"商侯"，后来人们叫他商鞅。

与民更始

秦汉至隋唐是我国历史上的中古时期。这一时期跨越千年，华夏大地历经数个朝代更迭，在动荡不安的时期，有志之士都在思考动荡的原因，如北魏孝文帝、北周武帝宇文邕和唐顺宗李诵，他们寻找症结之所在，去芜存菁，推行新政，以求迅速崛起。

这些能干实事的社会精英，曾经令举国上下一体励精图治，实在难得。改革是在摸索中前进，我们不能以成败论英雄。那种敢于挑战旧俗的革新精神，任何时候都是需要的。

北魏孝文帝改革

北魏孝文帝拓跋宏是一位杰出的政治家和改革家。他在位期间，通过推行改革，有力地推动了政治、经济的恢复和发展，北方出现了魏晋以来空前的繁荣景象，有效地缓解了社会矛盾。更重要的是孝文帝的改革，维护了统一北方的新政权，加速北方少数民族封建化的进程，促进了北方民族的大融合，为中国多民族共同发展做出了贡献。

孝文帝改革是一次政治、经济、文化的全面改革，意义重大、影响深远。

北魏孝文帝拓跋宏3岁时被立为皇太子，5岁时受父禅即帝位。由于拓跋宏深受祖母冯皇太后汉化改革的影响，他在24岁亲政后，继续推行汉化改革。

孝文帝以前，北魏的官吏是一律不给俸禄的。中央官吏可以按等级，分享缴获的战利品，或是受到额外的赏赐；地方官吏不同，他们只要上缴规定的租税

赋役以外，就可以在其管辖的范围内，任意搜刮、不受限制。

针对这种情况，孝文帝下决心实行俸禄制，他规定：每户征调3匹绢，2.9斗谷作为百官的俸禄。同时制订了严惩贪官污吏的法律，他规定：官吏贪赃一匹以上的绢就要处以死刑。

俸禄制实行以后，虽然增加了人民的赋税，但与以前放纵官吏们贪污掠夺相比，对人民还是有利的。正因为如此，俸禄制遭到一部分惯于贪赃枉法的官吏们的反对。孝文帝改革意图坚决，对这些人进行了严厉打击，先后处死了地方刺史以下的贪官污吏40多人，使北魏的吏治出现了崭新的局面。

485年，孝文帝采纳给事中李安世的建议，实行均田制。均田制的

主要内容是:

男子15岁以上，给露田40亩。露田就是不栽树只种谷物的土地。

妇女20亩，一夫一妻60亩。男子还给桑田20亩。桑田就是已种或允许种桑榆枣等果木的土地。在不适合种果木的地方，男子给露田40亩，妇女5亩。

露田是私有田，可传给子孙，也可以买卖其中一部分。奴婢和良人也一样给露田。一头牛可给田30亩。此外，新定居的户主，还给少量的宅基田。

均田制不是平分土地。对于地主来说，是承认他的土地占有权，又限制了他们兼并土地；对于农民来说，是既承认他们已有的小块土地，又鼓励他们开荒；对于那些流浪者来说，则给他们自立门户提供了条件。

　　孝文帝于486年建立三长制，以取代宗主督护制，加强中央政府对人口的控制。

　　三长制规定：5家为邻，设一邻长；5邻为里，设一里长；5里为党，设一党长。三长的职责是检查户口，征收租调，征发兵役与徭役。实行三长制，三长直属州郡，打破了豪强荫庇户口的合法性，原荫附于豪强的荫户成为国家的编户。

　　三长制较之宗主督护制，它毕竟是一种历史的进步。三长制的建立，国家直接控制的自耕农民大量增加，国家赋税收入相应增加，农民赋税负担也有所减轻。北魏后期社会经济明显的恢复和发展，与三长制的实施有密切关系。

　　北魏的三长制后来成为北齐和隋朝乡里组织的基础，影响深远。

孝文帝为了加强中央集权，决心进一步改革。他认为现在改革的重点在于"汉化"。孝文帝很聪明，他在祖母冯太皇影响下，也读了不少书，对汉族文化有较深的了解。他知道，要使北魏富强，必须抛弃民族偏见，接受汉族的先进文化。

在当时，北魏的都城在平城，即今山西省大同。由于地处边塞，既不便于加强同黄河流域汉族的联系，又不便于进攻南朝，对控制中原和推行改革都是障碍。于是，孝文帝决定迁都洛阳。

迁都是件大事，关系到许多鲜卑贵族的切身利益。他们大多留恋旧都的田地财产和奢侈的生活，害怕迁都会改变他们的生活方式，所以，强烈反对迁都。孝文帝为了达到迁都的目的，定下了一条妙计。

493年，孝文帝亲自率领步兵、骑兵30万渡过黄河，进驻洛阳。

孝文帝带领大臣们参观洛阳西晋宫殿的遗址。面对这满目荒凉的景象，他对大臣们说："西晋的皇帝没有管理好国家，致使国家灭亡，宫殿荒芜，看了真让人伤感！"

此时，洛阳秋雨连绵。文武百官本来就不愿南征，现在，他们面对连绵惨淡的秋雨和残败破落的宫殿，心情十分沉重。大臣们听了皇帝的话，纷纷跪倒在马前叩头，请求皇帝不要再南征了。

孝文帝乘机说道："这次南征，兴师动众，不可无功而返。不南征，就迁都。"并且下令："愿意迁都的站在左边，不愿迁都的站在右边。"

文武百官听了，权衡一下南征与迁都的利弊，觉得还是迁都为好。于是，所有随军贵族和官吏都站到左边去了。一时间，停止南征的消息传遍了全军，大家都高呼"万岁"。迁都洛阳之事，就这样决定了。

迁都洛阳后，孝文帝就开始大力推行汉化政策。首先，他改鲜卑姓为汉姓，禁止鲜卑族同姓结婚，鼓励鲜卑人与汉人通婚。

孝文帝把拓跋氏改成元氏；把丘奚氏改成奚氏；步陆孤氏改成陆氏；达奚氏改成奚氏等。他还带头娶汉族大姓女子为皇后、妃子，还给他的弟弟们娶汉族大姓女为妻室，还把公主们嫁给汉族大姓。范阳卢氏，一家就娶了3个公主。

孝文帝还下令，鲜卑族一律改穿汉人服装，孝文帝亲自在光极堂给群臣颁赐了汉服的"冠服"，让他们穿戴。

孝文帝还禁止说胡语，要求鲜卑族改说汉语。他规定：30

岁以上的人，由于说话的习惯已久，可以慢慢改；30岁以下的人，要立即改说汉语。并严厉规定，在朝廷当官的人再说胡语，就要降爵罢官。

孝文帝在位期间，对北魏的政治、经济、军事和民族旧习，都进行了一系列的大胆的多方面的改革，使鲜卑经济、文化、政治和军事等方面大大发展了，使北方各族人民在相互交往中渐渐融合，逐渐接受了汉族的先进生产方式及与之相联系的文化。

孝文帝的改革，促进了北方各民族的融合，为我国多民族国家的发展作出了贡献。

拓展阅读

孝文帝怕大臣们反对迁都的主张，就先提出要大规模进攻南齐。大臣们不同意，他的堂叔、尚书令拓跋澄激烈反对。

孝文帝发火说："国家是我的国家，你想阻挠我用兵吗？"

拓跋澄反驳说："国家虽然是陛下的，但我是国家的大臣，明知用兵危险，哪能不讲！"

退朝后，孝文帝单独召见拓跋澄。他说："刚才我向你发火，真正的意思是要迁都。我说出兵伐齐，是想借这个机会，带领文武官员迁都中原。"

拓跋澄恍然大悟，马上同意魏孝文帝的主张。

北周武帝改革

北周武帝宇文邕是南北朝时期著名的改革家和军事家。周武帝即位时面临着严峻的北周政局，极力摆脱鲜卑旧俗，大力灭佛，改善了征税、征兵的环境，加强了封建统治阶级上的力量，削弱了宗教在社会上的影响力，巩固了封建统治，促进了社会生产力的发展。

他通过多方面的变革，使北周转弱为强，并最终统一了北方，为隋朝的建立奠定了基础。

宇文邕是奠定北周国基的鲜卑族人宇文泰的第四子。青少年时代的宇文邕，前途平坦，12岁时就被封为辅城郡公。后来又被拜为大将军，出镇同州。

北周明帝即位，宇文邕为大司空，进封鲁国公，参议朝廷大事。宇文邕性格沉稳，不爱多说话，但如果有事问他，他总能说到点子上，所以北周明帝曾感慨道："夫人不言，言必有中。"

560年，北周权臣宇文护毒死北周明帝宇文毓，立当时为大司空、鲁国公的宇文邕为帝，是为北周武帝。北周武帝即位时，北周政局十分不稳，关键原因就在于宇文护垄断了北周实权。

572年，周武帝诛杀了宇文护，除去了心头之患。这是周武帝一生中的大事，它使周武帝避免了走短命皇帝的老路，把北周从内乱倾轧中解救出来。清除了绊脚石，周武帝开始了一系列的改革措施。

周武帝改革的第一步就是改革府兵制。

573年，周武帝下令吸收均田上的汉族农民充当府兵。当兵的人可以免除租调和徭役，他们的家庭在3年内也可以不交纳租调和服徭役。

这一规定，使原来为地方豪强大族所控制的农民，现在直接为朝廷所掌握。这是周武帝对府兵制所作的一项重大改革内容。

周武帝改革的第二步就是大力灭佛。当时北周的佛教，已经成为了社会的寄生虫。寺院的和尚们不但不当兵，不纳税，而且面对灾民时，表现出来的非但不是赈灾，反而趁机吞并农民土地，使农民生活更加困苦，也严重威胁着北周政权。

灭佛这一策略暗暗在宇文邕心中生成。他认为，灭佛不仅能增加朝廷的财政收入，更是扩充军队之必须。

573年底，周武帝召集道士、僧侣和百官，讨论佛、道、儒三教的问题。周武帝辨释三教先后，以儒为先，道教为次，佛教为后。

把佛教抑为最末，事实上已是灭佛的前奏。当时有些佛教徒不知周武帝用意所在，还一个劲地争辩不休，说佛教应该在道教之上，心里很不服气。

而另一些明眼人却看透了周武帝的心事，但他们认为周武帝这样做很难达到预期目的。僧侣的讥讽、反抗都无济于事，反而更增添了周武帝对灭佛的决心。

574年，周武帝下诏：禁断佛、道二教，毁掉经像，驱散沙门、道士，令其还俗。并尽除佛、道二教相关礼典。一时间，北周境内焚经驱僧破塔者不计其数。威胁北周政权的佛教势力受到严重打击。周武帝在灭佛的同时，尊奉儒教人士，弘扬中原文化。

577年，周武帝率军攻

入齐国邺城时，齐地佛风最盛，周武帝决心将尊儒灭佛的政策在齐地推行。

齐国有一个叫熊安生的经学家，博通五经，是北齐名儒。他听说尊儒灭佛的周武帝入邺城，连忙叫家人打扫院落，准备迎接周武帝前来拜访。不久，周武帝果然亲自来拜见他了。周武帝给了这个儒生很高的礼遇。

在尊儒的同时，周武帝又召集北齐僧人，讲叙废佛的理由。僧人慧远警告周武帝，破灭三宝，将入阿鼻地狱。周武帝没有惧怕所谓死后下地狱的警告，下令禁断齐境佛教。

周武帝不顾世俗偏见，灭佛的时间较长，涉及面广，成绩很可观，这一点是值得充分肯定的。因此当时有人称赞说："周武帝灭佛，是强国富民之上策。"

正因为北周成功的灭佛运动，才使北周能够积蓄实力，国力增强，为灭掉北齐和统一北方奠定了基础。

自从北周武帝亲政后，情况发生了很大变化：一是经过灭佛，国家经济势力增长；二是吸收均田上广大汉族农民充当府兵，扩大了府兵队伍，军事优势形成；三是北与突厥和亲，南和陈朝通好，外交策略上的成功。而北齐却处于政出多门，不胜其弊的状况。

北齐后主高纬是历史上有名的昏君。他不爱说话，胆子又小，因此不愿意接见大臣。大臣向他奏事时，都不敢抬头看他，往往是把要讲的事撮要，略略一说就慌忙退出了。

高纬对理政全无兴致，日常生活却十分奢侈，整日里和一些宠臣、美姬鬼混，自弹琵琶，唱无愁之曲，近侍和之者以百数。

齐朝的老百姓给他送了个雅号，称为"无愁天子"。高纬还随意封官，连他宠爱的狗、马、鹰、鸡都被封为仪同、郡官、开府。北齐的政治一团漆黑。

北周武帝看清了北齐混乱的局势，决定出兵伐齐。575年，周武帝命宇文纯、司马消难和达奚震为前三军总管，宇文盛、侯莫陈琼和宇文招为后三军总管。杨坚、薛迥和李穆等率军分道并进。

周武帝自率大军6万人，直指北齐河阴，不久顺利攻下了河阴城。周军进入北齐境内，纪律严明，颇得民心。

576年，北周再次出兵伐齐。此次伐齐，周武帝集中了14.5万兵力，并改变了前次进军路线，亲自率部直攻晋州。周军主力进抵平阳城下。

右丞相高阿那肱没有及时报告高纬，直至晚上，信使来说"平阳已陷"，高纬慌忙逃到邺城。

577年，北周第三次出兵伐齐。周武帝率军攻破邺城，高纬于先一日逃往济州，又从济州逃往青州，正准备投奔陈朝时，为北周追兵所俘，送往长安，第二年被杀。

周武帝灭齐，统一北方，在历史上具有重大意义。它结束了自东西魏分裂以来近半个世纪的分裂割据局面，使人民免受战争苦难，得以重建家园，恢复生产，从而促进了整个北方政治、经济、文化方面的广泛交流和发展。

北方的局部统一为隋统一全中国奠定了坚实的基础。可以说，没有北周北齐的统一，就没有后来南北朝的统一。

统一北方以后，周武帝并没有居功自傲，仍然致力于北周朝政。

周武帝下令放免奴婢和杂户，提高了他们的生产积极性。他还注重广辟农田，兴修水利，于蒲州开河渠，于同州开龙首渠，扩大灌溉面积。

他还制定了"刑书要制"。刑书要制在本质上是镇压人民的，但对豪强地主隐没土地和人口也同样施以重典。此外，他还颁发了统一的度量衡，便利于商业交往。

所有这些改革措施，顺应了历史发展的要求，促进了生产力的解放，对当时经济的恢复，社会的安定，起了积极的作用。

历史看似要赋予周武帝机会，却最终没有给予他时间。正当他打算"平突厥，定江南"，实现统一全国理想的时候，不幸于出征前夕病逝。

周武帝一生戎马倥偬，能和将士同甘共苦，身先士卒。他还勤于政事，生活简朴，平居常穿布衣，盖布被，后宫不过10余人。

连《资治通鉴》作者司马光也称赞说："他人胜则益奢，高祖胜而愈俭。"周武帝不愧为我国历史中一位少数民族杰出的英才之主。

拓展阅读

北周武帝的皇后阿史那氏是突厥的王族，当初周武帝为了统一中原，便谋划和突厥联姻。

阿史那氏端庄美丽，但周武帝并不喜欢她，他们在一起生活了9年，始终没有生下一男半女。阿史那氏28岁那年，36岁的周武帝去世，宇文赟即位，阿史那氏成了皇太后。

两年后，宇文赟去世，宇文阐即位，她就成了太皇太后。但不到一年，宇文阐被杨坚废掉，两个月后被毒死。又过了一年，阿史那氏去世，时年32岁，上谥号为"武德皇后"。

唐代永贞革新

　　"永贞革新"是我国唐代唐顺宗时期官僚士大夫以打击宦官势力为主要目的的改革。因为发生于永贞年间，所以叫"永贞革新"。

　　唐顺宗李诵即位，他的东宫旧臣王叔文、王伾居翰林用事，引用韦执谊为宰相。他们与柳宗元、刘禹锡等人结成政治上的革新派，共谋打击宦官势力，改革诸多弊政。

　　最后因保守势力发动政变，幽禁唐顺宗，拥立太子李纯。致使以失败而告终。改革历时100余日。但是，打击了当时的方镇割据势力，专横的宦官和守旧复古的大士族大官僚，顺应了历史的发展。

805年正月，唐德宗去世，太子李诵即位，这就是唐顺宗。唐顺宗在即位之前就比较关心朝政，对唐朝政治的黑暗有深切的认识，他清楚地看到，"安史之乱"带来的危害日见其深。

此时的唐王朝，贪鄙当道，贤能被逐，苛政如虎，百姓涂炭，唐顺宗认为只有改革，才能革除政治的积弊。

在当时，因为"安史之乱"后中央对地方失控，已经形成藩镇割据的局面，而藩镇之乱也此起彼伏，迄无宁日。在这种情况下，如何抑制藩镇势力，重建中央集权，成为唐王朝君臣必须正视的问题。

"安史之乱"也导致君主不信朝臣，致使宦官得以干政，宦官竟然主管禁军，并且已经制度化。宦官因为军权在手，无所顾忌，干政益甚。

在这种情况下，如何抑制宦官势力，夺回国家军权，也成为唐王朝君臣必须正视的问题。

对于唐顺宗的改革意愿，各级官员表现出保守与革新两种态度。

高级官僚士大夫是保守派，他们注重既得利益，对变革新政不感兴趣。

如老宰相贾耽，对防嫌免祸非常留意，对国家安危不关心。新宰相高郢也小心谨慎，不图政绩。他们相互携手，共同维护旧的秩序。

低级官僚士大夫是革新派，他们身无长物，不怕冒险，敢于以变革新政为己任。如王叔文、王伾、刘禹锡、柳宗元等人。他们很想与一些朝中新进合作，共同开创新的局面。

唐顺宗即位时已得了中风不语症，但还是立刻重用王叔文、王伾等人，让他们参与朝廷大政的决策，进行大胆改革。他任命王叔文为翰林学士，王叔文用韦执谊为尚书左丞、同平章事。翰林学士掌机密诏令；同平章事为宰相。

于是，在唐顺宗的支持下，革新派围绕打击宦官势力和藩镇割据这一中心，进行了一系列改革。

一是罢宫市五坊使。

唐德宗以来，宦官经常借为皇宫采办物品为名，在街市上以买物为名，公开抢掠，称为宫市。早在唐顺宗做太子时，就想对德宗建议取消宫市。

当时王叔文害怕唐德宗怀疑太子收买人心，而危及太子的地位，所以劝阻了唐顺宗。这次改革先将宫市制度取消。另外，充任雕坊、鹘坊、鹞坊、鹰坊、狗坊这五坊小使臣的宦官，也常以捕贡奉鸟雀为名，对百姓进行讹诈。这次改革也将五坊使取消。这两项弊政被取消，因而人心大悦。

二是取消进奉。

当时的节度使通过进奉钱物，讨好皇帝，有的每月进贡一次，称为月进，有的每日进奉一次，称为日进，后来州刺史，甚至幕僚也都效仿，向皇帝进奉。贪官们以进奉为名，向人民搜刮财富。革新派上台后，通过唐顺宗下令，除规定的常贡外，不许别有进奉。

三是打击贪官。

浙西观察使李锜，原先兼任诸道转运盐铁使，乘机贪污。王叔文任翰林学士后，罢去他的转运盐铁使之职。京兆尹李实，是唐朝皇族，封为道王，专横残暴。

有一年关中大旱，他却虚报为丰收，强迫农民照常纳税，逼得百姓拆毁房屋，变卖瓦木，买粮食纳税。百姓恨之入骨，王叔文等罢去其京兆尹官职，贬为通州长史，百姓非常高兴，群起欢呼。

四是打击宦官势力。

这是革新措施的关键，也是关系革新派与宦官势力生死存亡的步骤。革新派裁减宫中闲杂人员，停发内侍郭忠政等19人俸钱，这些都是抑制宦官势力的措施。

革新派还计划从宦官手中夺回禁军兵权，任用老将范希朝为京西神策军诸军节度使，用韩泰为神策行营行军司马。

宦官发现王叔文在夺取他们的兵权，于是大怒，串通后约定，神策军诸军不要把兵权交给范希朝和韩泰二人，使王叔文这一重要步骤未能实现。

五是抑制藩镇。

剑南西川节度使韦皋，派刘辟到京都对王叔文进行威胁利诱，想完全领有剑南三川，以扩大割据地盘。王叔文拒绝了韦皋的要求，并要斩刘辟，刘辟狼狈逃走。

从这些改革措施看，革新派对当时的弊政的认识是相当清楚的，在短短几个月的时间里，革除了一些弊政，受到了百姓的拥护。

但由于实力掌握在宦官和藩镇手中，革新派却是一批文人，依靠的是重病在身的皇帝，而皇帝基本上又是在宦官们的控制之中。所以，改革派随时有被宦官和藩镇势力一网打尽的危险。

805年3月，侍御史窦群、御史中丞武元衡，将革新党派列为异己，并进行攻击。同时，宦官俱文珍、刘光琦、薛盈珍等朋党相结，

借唐顺宗病久不愈，欲立李纯为太子。而高郢、贾耽等宰相有的无所作为，有的称疾不起，以表示与革新党派不合作。

6月，剑南西川节度使韦皋、荆南节度使裴均、河东节度使严绶等，也相继向唐顺宗及太子奏表进笺，攻击革新党派。王伾再三上疏，请以王叔文为宰相，朝廷不应，王伾遂称病不出。

此时的形势已经不利，紧接着王叔文又因母丧离开职位，形势更急转直下。

7月28日，俱文珍等逼顺宗下制，贬王伾为开州司马，王叔文为渝州司马。王伾不久死于贬所，王叔文翌年也被赐死。

9日，太子李纯正式即位于宣政殿，是为唐宪宗。随后，其他几位革新派也分别遭贬。

9月13日，贬刘禹锡为连州刺史，柳宗元为邵州刺史，韩泰为抚州刺史，韩晔为池州刺史。

11月7日，贬韦执谊为崖州司马。

14日，再贬刘禹锡为朗州司马，柳宗元为永州司马，韩泰为虔州司马，韩晔为饶州司马；又贬程异为郴州司马，凌准为连州司马，陈谏为台州司马。上述10人，合称"二王八司马"。

至此，永贞年间的变革新政运动彻底失败。

"永贞革新"失败了，但我们不能以成败论英雄。"永贞革新"的主要目的是试图缓解中唐以来日益尖锐的政治、经济和阶级矛盾，为此后的消灭宦官、藩镇势力，巩固中央集权做好准备。总体来说，"永贞革新"在当时是具有进步意义的，实际上也的确为以后唐宪宗的中兴局面打下了一定的基础。

拓展阅读

那是在一次唐德宗的生日华诞上，略通一些佛教知识的皇太子李诵敬献佛像作为贺礼，唐德宗对太子的这一礼物很满意，就命韦执谊为画像写了赞语。

韦执谊得到太子的酬谢，按照礼节到东宫表示谢意。就在韦执谊这次来东宫拜谢皇太子的时候，身为太子的李诵郑重地向时为翰林学士的韦执谊推荐了王叔文："学士熟悉王叔文这个人吗？他是位伟才啊！"

从此，韦执谊与王叔文相交，而且关系越来越密切。成为"二王"集团中地位特殊的核心人物之一。

推行新政

从五代十国至元代是我国历史上的近古时期。我国封建经济发展至五代后期，统一的趋势日益明显，此时周世宗在经济、政治各方面进行的改革，为统一事业做出了重要贡献。

北宋的庆历新政和王安石变法，突现了宋代政治、经济、文化等各领域的现状。至于金世宗的改革政绩，历来被史家所称道。

他们除旧布新，建章立制，表明了一个改革者肩负使命的良知与愿望，从而在我国近古时期留下了重重的一笔。

后周世宗改革

周世宗柴荣是后周第二代皇帝，他在位期间，全面推行改革，大力整顿吏治，调整了当时统治阶级内部，统治阶级和农民之间的尖锐矛盾，废除天下佛寺，安定了社会秩序，恢复发展了社会生产，国内经济稳定持续发展。

周世宗还加强了军事力量，为后周取秦陇，平淮右，复三关提供了保证，也日后的统一建立了重要基础。他被史家称为"五代第一明君"。

954年，北周太祖驾崩，柴荣按遗命在枢前即皇帝位，是为周世宗。年富力强的周世宗，雄心勃勃，决心开拓天下，休养百姓，营造太平。

为实现这一宏伟目标，他建立禁军、南征北战，改革政治，富国安民，营建帝都，畅通水路，建立了不朽功绩。

周世宗即位时，正值黑暗、动荡的时期，北周国贫民弱，外敌四起。即位还不到10天，便有北汉勾结契丹大举入侵。他力排众议亲自出征，招募勇士入编禁军，简选良将四面出击，沉着应战，危局中竟以少胜多，将汉军击溃。

战后，周世宗赏有功，罚怯懦，惩处贪生怕死的将领，严厉整治骄兵悍将。他下令各地将战斗力最强的士兵输送到京城，建立了精锐的禁军。并将精锐者升为上军，羸弱者裁汰，武艺特别出众的选为"殿前诸班"。

从此，中央禁军有足够的武力控制地方藩镇，成为服务于统一集权政治的武装工具。在此后的征战中，禁军起到了决定战争胜负的关键作用。后来的北宋延续了禁军制度，禁军始终是北宋王朝实力最强的军事力量。

大败北汉后，周世宗派兵伐蜀，一举收回4州，使后蜀不敢轻举妄

动。他审时度势，3次亲征南唐。

进攻南唐的战争从955年冬开始，一直持续至958年夏，夺取了江淮之间14州60个县，逼使南唐退守江南。南唐主李璟因屡战屡败，奉表称臣。后周大获全胜，国力骤然增强。

五代政治黑暗，官吏极端贪暴。周世宗大力整顿吏治，破格任用贤才，改革了科举制度存在的弊病，使一批有真才实学的人受到朝廷重用。

他力肃贪污之风，严厉惩处贪官污吏毫不手软，就连自己的亲生父亲的故友犯法也不徇私情。他严格考核官吏，有几个官员借奉命出使之机游山玩水，也被他贬了官，这在中国古代官吏考核史上是绝无仅有的事例。

周世宗奉行人道，注重法治，废除了随意处死条款和凌迟之类的酷刑。他以多种人道措施对待犯人，打扫监狱，洗刷枷拷，给犯人充足的饭食，允许探视有病的犯人，无主的病人由官府负责治疗，严禁使犯人无故死亡，私自杀死犯人的官员被斩首。

他命人彻底修改法律，制订了较为完善的《大周刑统》，对北宋的《宋刑统》有着直接的影响。

周世宗关心民间疾苦，下令罢黜正税之外的一切税收，禁止地方官吏和豪绅将自己的赋税转嫁到百姓身上。他鼓励开垦荒田，把中原无主荒田分配给逃亡人户耕种，并对逃户庄田颁布处理办法，优待从辽朝返回的逃户。

他还注重减轻租税。

958年颁发《均田图》，派官吏均定河南等地60个州租赋，废除曲阜孔氏的免税特权。又下令免收以前人民所欠两税，取消两税以外的苛捐杂税和一些徭役。

周世宗抑制寺院经济。当时佛教广为流行，许多人为逃避徭役和赋税纷纷"出家"，大量金属被用来铸造佛像，致使铜价上涨，钱币奇缺。周世宗采取抑制佛教、打击寺院经济的措施，禁止私自剃度出

家，拆毁寺庙数千所，勒令僧人还俗数十万人，促进了商业发展。

周世宗针对日益发展的寺院势力，于955年下令废除没有敕赐寺额的寺院3万多所，迫使大批僧侣还俗，并禁止私度僧尼。下令收购民间铜器佛像铸钱。

有人认为他这样做不近人情，他却笑着说："平定乱世乃千秋的功业。佛家曾说：如有益于世人，手眼尚且可以布施，区区铜像又何足道！"

　　周世宗打击寺院经济的措施，是继北魏太武帝、北周武帝和唐武宗"三武灭佛"后的又一次大规模的抑佛运动，使后周控制的劳动力和土地大量增加。

　　周世宗延聘文学之士，实行考试制度，纠正科举弊端。

　　重视国家的藏书和文化建设。他曾多次亲临史馆视察藏书情况，见藏书太少，便下诏采取激励政策，钦定凡献书之人，均给以优赐。聚而又校，选常参官30人，对所藏图书进行校雠、刊正、抄写，并令在书卷末署校书名衔。为后周国家藏书奠定了基础。

周世宗曾极为诚恳地专门下诏要求群臣尽量上书言事,还点名让20多名翰林学士都写两篇文章《为君难为臣不易论》和《平边策》。

这种以命题向众多朝臣征求治国之策的做法在历史上是很少见的,而且他也绝不是哗众取宠,只做做样子。在认真审读大臣的建议后,他欣然采纳了大臣王朴《平边策》中"先易后难"的主张,以此制订统一大计,付诸实践。

在开封城市的建设史上,周世宗是一个非常重要的人物。他曾命大将赵匡胤骑马飞奔,直至马力倾尽跑出2.5万米。于是周世宗下令以马跑的范围扩建城池,修建了气势宏伟的东京外城。这就是"跑马圈城"的故事。

唐朝后期曾经大规模的扩建开封城池,奠定了开封城的基础。时过170多年之后,周世宗把汴州城拓展了一倍多,分外城、内城和皇城,城墙高大敦厚,建筑规整有序,为无险可守的开封城筑起了层层

军事防线。

由于经济复苏，商业发展，城市人口迅速增长，城内房屋过于密集，民宅侵入官道，致使车马无法通行。周世宗着眼于帝王之都的长远发展，下令将城内违章建筑全部拆毁，将城内的坟墓全部迁往城外重新安葬。

这种让"死人给活人腾地方"的做法虽然高瞻远瞩，在当时却是需要极大勇气的，也遭到了许多人的非议和唾骂。周世宗明知会招来怨言，却依然故我，丝毫没有退缩。

他对身边的大臣说："这样的事情总得有人来做，这样做的好处你们会在几十年以后看到。"

开封素有"北方水城"之称，但在五代时期，由于藩镇割据，战火连绵，流经开封的大运河已不能通航，黄河水患不断。周世宗命人治理运河、黄河和汴河，堵塞黄河决口，修固黄河河堤，还在汴河口立斗门控制黄河水势，确保京城的安全。

为恢复以开封为中心的水路交通网，周世宗命人兴修水利，疏通漕运，先后疏浚了胡卢河、汴河、五丈河等。这样一来，山东和江南各地的粮食以及其他货物等，都可由水道直达京城。

水路交通枢纽地位的恢复，使开封成为当时全国规模最大、设施最完备、经济最繁荣的城市，从而决定了后来北宋定都于此，对于赵匡胤的统一战争意义重大。

959年，周世宗见契丹君臣昏庸，国政紊乱，趁此良机，领军亲征，收复北方失地。42天之间，兵不血刃收复3个州17个县，取得了五代以来对辽作战最大的胜利。

周世宗信心百倍，打算乘胜进军，一举收复幽州。可惜在这紧要

关头，他却突然患病，被迫班师还朝。959年6月29日，日落时分，残阳如血，积劳成疾的周世宗，带着他的抱负，带着他的遗憾，永远离开了人世。

周世宗是位志在四方，有能力收拾旧河山的军事家，更是目光远大、胆识过人的政治家和改革家。他曾经希望能做30年皇帝，"以十年开拓天下，十年养百

姓，十年致太平"。

为了实现这一宏伟目标，他在军事、经济、政治和文化等方面，以务实的态度、宏大的魄力，革故鼎新，做出了许许多多超越前人，启迪后世的非凡之举，卓有成效、影响深远。

他在位不到6年，但他已经为后来北宋的统一事业奠定了基础。周世宗堪称照耀黑暗时代的一颗璀璨明星！

拓展阅读

周世宗柴荣凡事率先垂范，甚至事必躬亲。他先后5次亲自领兵出征，每次都亲力亲为，战斗在第一线。

有一次，柴荣率领军队打算从水路进攻南唐，但在进军途中，有一段河道无法疏通，使大军受阻。

有的将领向柴荣禀告说，河道一旦被掘通，河水必然倒灌，所以无法安全施工，并建议改道前进。柴荣闻听此言，便亲自前去察看，几天后传下手谕，并且附有非常详细的施工方法。随军工匠依法施行，果然安全地疏通了河道，大军得以出征。

北宋庆历新政

宋仁宗时，官僚队伍庞大，行政效率低，土地兼并加剧，人民生活困苦，岁币和军费开支有增无已，国家财用日绌，国内危机不断加深，辽和西夏威胁着北方和西北边疆。

在内扰外困的情况下，1043年，宋仁宗责成范仲淹、欧阳修、富弼、韩琦、蔡襄、王素、余靖等人有所更张，施行新政，以图太平。史称"庆历新政"。

由于新政强调澄清吏治，对官吏和商人构成威胁，而守旧派朝臣习于苟安，反对新政，宰相范仲淹被迫自行引退。庆历新政最终以失败收场。

庆历初年，是北宋政坛风云激荡，政局剧烈摇摆时期。北宋的边防开支突然膨胀。政府为了扩大收入，不得不增加百姓负担。于是，包括京城附近在内，各地反抗朝廷的暴动与骚乱，纷然而起。

1043年至1044年，宋军对夏战争惨败，内部动荡已是山雨欲来之势。

急欲稳定政局的宋仁宗

皇帝，将西线的三名统帅范仲淹、夏竦和韩琦一同调回京师，分别任命为最高军事机关的正副长官枢密使和枢密副使，又扩大言官编制，亲自任命欧阳修、余靖、王素和蔡襄为4名谏官，后来号称"四谏"。"四谏"官第一次奏言，撤掉了略无军功的夏竦，以杜衍和富弼为军事长官。"四谏"官第二次奏言，彻底罢免了吕夷简的军政大权。"四谏"们第三声奏论，驱逐了副宰相王举正，以范仲淹取而代之。

1043年，宋仁宗连日催促范仲淹等人，拿出措施，改变局面。范仲淹、富弼和韩琦，连夜起草改革方案。特别是范仲淹，认真总结从政28年来酝酿已久的改革思想，很快写成了著名的新政纲领《答手诏条陈十事》，作为改革的基本方案。

《答手诏条陈十事》也叫《十事疏》，涉及澄清吏治、厉行法治和富国强兵3个方面，提出了10项改革主张，它的主要内容是：

一是明黜陟，即严明官吏升降制度。

那时，升降官员不问劳逸如何，不看政绩好坏，只以资历为准。故官员不求有功，但求无过，因循苟且，无所作为。范仲淹提出考核政绩，破格提拔有大功劳和政绩明显的，撤换有罪和不称职的官员。

二是抑侥幸，即限制侥幸做官和升官的途径。

当时，大官每年都要自荐其子弟充京官，一个学士以上的官员，经过20年，一家兄弟子孙出任京官的就有20人。

这样一个接一个地进入朝廷，不仅增加了国家开支，而且这些纨绔子弟又不干正事，只知相互包庇，结党营私。为了国家政治的清明和减少财政开支考虑，应该限制大官的恩荫特权，防止他们的子弟充任馆阁要职。

三是精贡举，即严密贡举制度。

为了培养有真才实学的人，首先应该改革科举考试内容，把原来进士科只注重诗赋改为重策论，把明经科只要求死背儒家经书的词句改为要求阐述经书的意义和道理。这样，学生有真才实学，进士之法，便可以依其名而求其实了。

四是择长官。

针对当时分布在州县两级官不称职者十有八九的状况，范仲淹建议朝廷派出得力的人往各路检查地方政绩，奖励能员，罢免不才；选派地方官要通过认真地推荐和审查，以防止冗滥。

五是均公田。

公田，即职田，是北宋地方官的定额收入之一，但分配往往高低不均。范仲淹认为，供给不均，怎能要求官员尽职办事呢？

他建议朝廷均衡一下他们的职田收入；没有发给职田的，按等级发给他们，使他们有足够的收入养活自己。然后，便可以督责他们廉节为政；对那些违法的人，也可予以惩办或撤职了。

六是厚农桑，即重视农桑等生产事业。

范仲淹建议朝廷降下诏令，要求各级政府和人民，讲究农田利害，兴修水利，大兴农利，并制定一套奖励人民、考核官员的制度长期实行。

七是修武备，即整治军备。

范仲淹建议在京城附近地区招募强壮男丁，充作京畿卫士，用来辅助正规军。这些卫士，每年大约用3个季度的时光务农，一个季度的时光教练战斗，寓兵于农，实施这一制度，可以节省给养之费。京师的这种制度如果成功了，再由各地仿照执行。

八是推恩信，即广泛落实朝廷的惠政和信义。

主管部门若有人拖延或违反赦文的施行，要依法从重处置。另外，还要向各路派遣使臣，巡察那些应当施行的各种惠政是否施行。这样，便处处都没有阻隔皇恩的现象了。

九是重命令，要严肃对待和慎重发布朝廷号令。

范仲淹认为，法度是要示信于民，如今却颁行不久便随即更改，为此朝廷必须讨论哪些可以长久推行的条令，删去繁杂冗赘的条款，裁定为皇帝制命和国家法令，颁布下去。这样，朝廷的命令便不至于经常变更了。

十是减徭役。

范仲淹认为如今户口已然减少，而民间对官府的供给，却更加的繁重。应将户口少的县裁减为镇，将各州军的使院和州院塌署，并为一院；职官厅差人干的杂役，可派级一些州城兵士去承担，将那些本不该承担公役的人，全部放回到农村。这

样，民间便不再为繁重的困扰而忧愁了。

《答手诏条陈十事》写成后，立即呈送给宋仁宗。宋仁宗和朝廷其他官员商量，表示赞同，便逐渐以诏令形式颁发全国。于是，北宋历史上轰动一时的"庆历新政"就在范仲淹的领导下开始了，范仲淹的改革思想得以付诸实施。

新政实施的短短几个月间，政治局面已焕然一新：官僚机构开始精简；以往凭家势做官的子弟，受到重重限制；昔日单凭资历晋升的官僚，增加了调查业绩品德

等手续，有特殊才干的人员，得到破格提拔；科举中，突出了实用议论文的考核；全国普遍办起了学校。

范仲淹还主张，改变中央机关多元领导和虚职分权的体制，认真扩大宰臣的实权，以提高行政效率。为了撤换地方上不称职的长官，他又派出许多按察使，分赴各地。范仲淹坐镇中央，每当得到按察使的报告，就翻开各路官员的花名册把不称职者的名字勾掉。

在范仲淹的严格考核下，一大批尸位素餐的寄生虫被除了名，一批干才能员被提拔到重要岗位，官府办事效能提高了，财政、漕运等有所改善，暮气沉沉的北宋政权开始有了起色。

朝廷上许多正直的官员纷纷赋诗，赞扬新政，人们围观着改革诏令，交口称赞。

改革的广度和深度，往往和它遭到的反对成正比，大批守旧派的官僚们，开始窃窃私议。御史台的官员中，已有人抨击某些按察使，说什么"江东三虎"、"山东四伥"。范仲淹在边防线上的几员部将，也遭到秘密的调查，并遇到许多麻烦。

欧阳修等"四谏"，企图撵走这些保守派的爪牙，另换几名台官。但他们很快发现，台官背后，掩藏着更有权势的人物。欧阳修本人反被明升暗撤，离京出使河东。范仲淹预感到，事情不那么简单，改革路上，隐患重重。

1045年初，宋仁宗下诏解除了范仲淹参知政事的职务，将他贬至邓州，即今河南邓县，其他革新派人士都相继被逐出朝廷。

实行一年有余的各项新政，先后取缔。京师内外的达官贵人及其子弟，依旧歌舞喧天。坚持了16个月的"庆历新政"终于失败。

"庆历新政"失败以后，宋朝的阶级矛盾和民族矛盾并未缓和，积贫积弱的局面仍在发展，统治集团感到危机四伏，因而改革的呼声在一度沉寂之后，很快又高涨起来，终于掀起一次更大的变法活动。

拓展阅读

范仲淹在应天府读了五六年书，成绩优异，便有了一个远大的人生理想。据《能改斋漫录》记载，范仲淹应试前，特到祠堂求签，咨询能否当宰相，签词表明不可以。

他又求了一签，暗中祈祷："如果不能当宰相，希望能当良医"，结果还是不行。于是，他掷签于地，慨然长叹："男子汉大丈夫，这也不能做，那也不能做，还有什么活头！"

这就是"不为良相，则为良医"名言的来历。范仲淹有一句名言："先天下之忧而忧,后天下之乐而乐。"

北宋王安石变法

　　王安石是北宋丞相，新党领袖。他是我国历史上杰出的政治家、思想家、文学家、改革家，"唐宋八大家"之一。

　　王安石变法是针对北宋当时积贫积弱的社会现实，以富国强兵为目的的，而掀起的一场轰轰烈烈的改革。

　　王安石变法是我国古代的一次重要改革活动，他推行的富国强兵措施，已经具备了近代变革的许多特点，被誉为我国11世纪伟大的改革家。

王安石出身于地方官家庭，自幼聪颖，读书过目不忘。而且他从小随父宦游南北各地，更增加了社会阅历，开阔了眼界，目睹了人民生活的艰辛，对宋王朝积贫积弱的局面有了一定的感性认识，青年时期便立下了"矫世变俗"之志。

1042年3月考中进士，授淮南节度判官。之后调任鄞县，为人正直，执法严明，为百姓做了不少有益的事。

1058年冬，王安石改任三司度支判官时，给朝廷呈上《上仁宗皇帝言事书》，系统地提出了变法主张，法度必须改革，以求其能"合于当世之变"。要求改变北宋"积贫积弱"的局面，抑制大官僚、大地主的兼并和特权，推行富国强兵政策。

他认为变法的先决条件是培养人才，因此建议改革科举制度，整顿太学，唯才是举，培养经世致用的人才。

王安石主张变法，宗旨是以改革北宋建国以来的积弊。

积弊之一就是存在着三大矛盾：民族对立严重，北宋与西夏和辽国发生多次战争；统治集团内部矛盾突出，改革派与守旧派斗争激烈；阶级矛盾尖锐，宋朝统治者由于对土地兼并采取"不抑兼并"态度，导致1/3的自耕农沦为佃户和豪强地主隐瞒土地，致使富者有田无税、贫者负担沉重，连年的自然灾害加剧了农民苦难，因而造成各地农民暴动频繁。

冗官是北宋政府采用分化事权和集中皇权造成的。比如，宰相职位一般有很多人担任，同时还设置了枢密使、参知政事、三司使，来分割宰相的军、政、财权。

官职也不断增加，导致北宋机构臃肿；采用恩荫制，一个官僚一生当中可以推荐数十个亲属当官；北宋大兴科举，科举应试人数增加，取士人数也增加。

冗兵是扩充军队造成的。为了防范军阀割据，农民起义，抵御北方民族的南侵，稳定社会秩序，宋代不断扩充军队的数量，形成了庞大的军事体系，军费开支占到整个财政支出的十之八九，造成冗兵问题。冗费是冗官、冗兵导致的直接结果，使政府财政支出增加。与此同时，由于土地兼并现象严重，富豪隐瞒土地，导致财政收入锐减，因而造成了北宋政府的财政危机。

还有就是积贫和积弱这两积问题。积贫，国家财政入不敷出，国库空虚，出现财政危机，导致积贫局面的形成。积弱，北宋吸取中唐以后武将拥兵、藩镇割据的教训，大力削弱武将的兵权，领兵作战的将领没有调动军队的权利，带来的后果是指挥效率和军队战斗力降低，导致宋军在与辽、西夏的战争中连年战败，形成积弱的局面。

北宋初年上述三大矛盾和"三冗"、"两积"问题的存在，引起了严重的社会危机，革新除弊逐渐成为朝野共识。

1067年宋明神宗继位，起用王安石为江宁知府，旋即诏为翰林学士兼侍讲。后来曾经多次与王安石讨论治国之道，并任王安石为参知政事，主持变法。

王安石变法的第一项举措就是进行机构改革。

1068年2月设的"制置三司条例司"，是王安石推动变法第一个设立之机构，原本宋朝的财政由三司掌握，王安石设立置制三司条例司来作为三司的上级机构统筹财政，是当时最高财政机关，此机关除了研究变法的方案、规划财政改革外，也制订国家一年内的收支，并将收入定其为定式。

1072年3月，王安石颁行市易法。由政府出资金一百万贯，在开封设"市易务"即市场交易司，在平价时收购滞销的货物等到市场缺货的时候再卖出去。同时

向商贩发放贷款，以财产作抵押，5人以上互保，每年纳息两分。用以达到"通有无、权贵贱，以平物价，所以抑兼并也。"市易法增加了财政收入。

1070年，王安石令司农寺制订《畿县保甲条例颁行》。乡村住户，每5家组一保，5保为一大保，10大保为一都保。

凡有两人以上的农户，选一人来当保丁，保丁平时耕种，闲时要接受军事训练，战时便征召入伍。以住户中最富有者担任保长、大保长、都保长。用以防止农民的反抗，并节省军费。

王安石变法的第二项举措是进行税赋改革。

一是制订《方田均税条约》。

1071年8月由司农寺制订《方田均税条约》，分方田与均税两个部分。方田是每年九月由县长举办土地丈量，按土墒肥瘠定为5等，均税是以方田丈量的结果为依据，制订税数。

方田均税法清出豪强地主隐瞒的土地，增加了国家财政收入，也

减轻了农民负担，同时却严重损害了大官僚大地主的利益，遭到他们强烈反对。

二是改革均输法。

此法早在西汉桑弘羊时试行，唐代以后各郡置均输官，达到"敛不及民而用度足"。但是王安石以内藏钱500万，上供米300万石为本钱，行使均输法，汉朝的桑弘羊和唐朝的刘晏行使均输法都不另拨本钱，所以王安石的均输法也算是创新。

为了供应京城皇室、百官的消费，又要避免商人囤积，在淮、浙、江、湖六路设置发运使，按照"徙贵就贱，用近易远"、"从便变易蓄买，以待上令"的原则，负责督运各地"上供"物质。意在省劳费、去重敛，减少人民的负担。

三是颁布青苗法。

青苗法起源于陕西转运使李参，所以青苗法是一个地方实践后推向全国的产物。王安石颁布的青苗法，规定以各路常平、广惠仓所积存的钱谷为本，其存粮遇粮价贵，即较市价降低出售，遇价贱，即较市价增贵收购。

其所积现钱，每年分两期，即在需要播种和夏、秋未熟的正月和五月，按自愿原则，由农民向政府借贷钱物。收成后，随夏、秋两税，加息20%或30%归还谷物或现钱。

青苗法使农民在新陈不接之际，不至于受高利贷的盘剥，但具体实施中出现强制借贷现象，是王安石变法措施中争议最大的内容。

四是实施募役法。

募役法又称"免役法"，于1070年12月由司农寺拟定，开封府界试行，同年10月颁布全国实施。

免役法废除原来按户等轮流充当州县差役的办法，改由州县官府自行出钱雇人应役。雇员所需经费，由民户按户分摊。原来不用负担差役的女户、寺观，也要缴纳半数的役钱，称为"助役钱"。

实施募役法使得农民从劳役中解脱出来，保证了劳动时间，促进了生产发展，也增加了政府财政收入。

此外，王安石颁布了农田水利法。规定各地兴修水利工程，用工的材料由当地居民照每户等高下分派。只要是靠民力不能兴修的，其不足部分可向政府贷款，取息一分，如一州一县不能胜任的，可联合若干州县共同负责。此法还奖励各地开垦荒田，兴修水利，修筑堤防圩岸，由受益人户按户等高下出资兴修。

在王安石的倡导下，一时形成"四方争言农田水利"的热潮。北方在治理黄、漳等河的同时，还在几道河渠的沿岸淤灌成大批"淤田"，使贫瘠土壤变成良田。

王安石变法的第三项举措是进行军队改革。

一是实施裁兵法，整顿厢军及禁军。规定士兵50岁后必须退役，测试士兵，将禁军中不合格者改为厢军，厢军不合格者改为民籍。

二是实施将兵法，又叫"置将法"。废除北宋初年订立的更戍法。用逐渐推广的办法，把各路的驻军分为若干单位，每单位置将与副将一人，专门负责操练军队，以提高军队素质。

三是实施保马法。明神宗时，宋朝战马只有15万余匹，政府鼓励西北边疆人民代养官马。凡是愿意养马的，由政府供给马匹或政府出钱让人民购买，每户一匹，富户两匹。马有生病死亡的，就得负责赔偿，但遭遇到瘟疫流行，死了不少马匹，徒增民扰。不久废止，改行民牧制度。

四是实施军器监法。宋代武器原归中央三司胄案和诸州将作院制造，质量粗劣，严重影响战斗力。为了改善这种状况，1073年8月广设军器监，负责监督制造武器；并且招募工匠，致力改良武器。

王安石变法的第四项举措是进行科举改革。

关于科举和教育制度改革，王安石主要依靠的理论来源就是《上仁宗皇帝言事书》，其中主要谈到当时科举和教育的弊病主要是课试文章主要是章句之学，以及人主没有陶冶人才，所以提出"养之、教之、任之"的方法。

一是采取三舍法，即把太学分为外舍、内舍、上舍三等，"上等以官，中等免礼部试，下等免解"，以学校的平日考核来取代科举考试，选拔真正的人才。后来地方官学也推行此法。

二是改革贡举法。王安石改革贡举法，废明经、存进士。于1070年3月，进士殿试罢诗、赋、论三题而改试时务策；于1071年2月，颁新贡举制，废明经，专以进士一科取士。另设"明法科"，考察律令和断案。

三是颁行新的经义。1072年，明神宗正式提出应该颁行新的经义。次年，宋明神宗任命王安石提举经义局，由吕惠卿、王雱等兼修撰《诗》、《书》、《周官》等书。

在重新训释经义时，王安石确定了这样几条原则：第一，训释经义，是为了破除"伪说"，教育士子，使其符合"盛王"时的做法；第二，要恢复经文本义，打破疏不破注，即在解释旧注时，不改变其任何观点的成法，反对汉以后烦琐的章句传注使源流失正的陋习；第三，阐明经文义理，反对对经义的曲解和烦琐学风。

王安石变法触动了大地主大官僚阶级的利益，遭到他们的强烈反对。同时，改革的最主要支持者宋明神宗在关键时刻发生了动摇，宋明神宗死后司马光出任宰相，彻底废除新法。

王安石变法以"富国强兵"为目标，从新法实施，到守旧派废罢

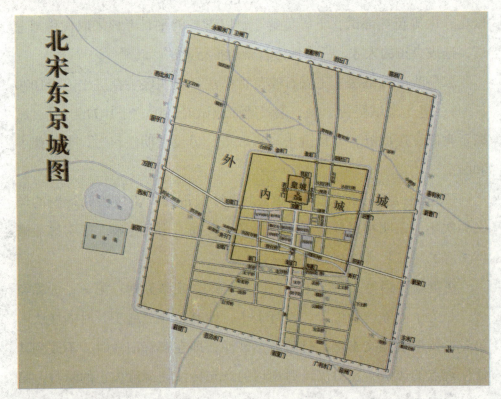

北宋东京城图

新法，前后将近15年时间。

在此期间，每项新法在推行后，基本上收到了预期的效果，使豪强兼并和高利贷者的活动受到了一些限制，使中、上级官员、皇室减少了一些特权，而乡村上户地主和下户自耕农则减轻了部分差役和赋税负担，国家也加强了对直接生产者的统治，增加了财政收入。

王安石变法遭到失败，也不能完全在于守旧派反对，他的政策和做法都值得检讨。

创行变法之初，司马光曾致函叫王安石不要用心太过，自信太厚，王安石覆书抗议，深不以为然，两人本是极要好又互相推重的朋友，从此割袍断义。再如，苏轼本来是拥护新法的最好人选，但苏轼的很多正确的意见也未能被王安石采纳。

1086年，司马光在宋哲宗朝为相，尽废新法，苏轼、范纯仁等人皆曰不可，司马光执意而行。不久王安石在南京病死，同年9月，司马光病逝。

1093年，在宣仁太后主导下，致力于恢复祖宗旧制，前后历时9年。支持变法者被称之为"元丰党人"，反对变法者被称之为"元祐党人"。从此宋朝进入了党争的泥沼，难以自拔。

王安石变法对后世产生了深远的影响，历代多有评说。南宋高宗为开脱父兄的历史罪责，把王安石作为北宋亡国元凶的论调，经宋国史至元人修《宋史》所承袭，成为我国皇权时代官方定论。

拓展阅读

王安石打算身边再要个书童，可是连着看了几个都不中意。

这一天，家人又找来个书童，请王大人过目。王安石问了他几个问题，小家伙答得不错。

王安石看他聪明伶俐，也没说什么，在纸上写了几行字，交给了家人：一月又一月，两月共半边；上有可耕之田，下有长流之川；一家有6口，两口不团圆。

家人看了，沉思了一会儿，终于明白了主人的意思，就把小家伙留下了。原来，王安石写的是个字谜，谜底就是一个"用"字。

元代忽必烈改制

　　孛儿只斤·忽必烈是元代的创建者，庙号元世祖。他是卓越的政治家和军事家，蒙古民族光辉历史的缔造者。他在位期间，首创行省制，加强中央集权，重视农业生产，治理河道，强调儒学治国，使得社会经济逐渐恢复和发展，为元朝的统一行动奠定了良好基础。

　　忽必烈的改制顺应了蒙古游牧民族封建化进程加快的趋势，他在征服中原后，接受了发展程度较高的中原汉族为主体的农业封建文明。由于忽必烈大行汉法，使得元朝的经济实力大为加强，并进兵剿灭了南宋残余势力，实现了我国历史上的又一次大一统。

　　忽必烈年轻时就思"大有为于天下"，并热心于学习汉文化，曾先后召元好问、王鹗、张德辉、张文谦、窦默等问以儒学治道。他在蒙哥汗时受命治理漠南汉地军国大事。

　　在后来的1271年11月，他在建国10多年之后统治地位已经逐渐巩固时，才正式建国号为"大元"。忽必烈就是元世祖。

　　从此，大都成为元代多民族国家的政治中心。明、清两代，北京一直是国家的首都。元大都的修建，影响是深远的。

　　忽必烈在大都建都，不仅使疆域辽阔的大都成为了国际化的大都市，还使之成为了一个集政治中心与经济文化中心为一体的大城市，使得元代经济实力、文化教育以及政治管理方面得到了空前高涨的发展，这可以说是元代飞跃发展的一个阶段。

　　忽必烈的政体更新，首先是成立了中书省，由王文统担任中书省平章政事，张文谦为其主要助手，任中书左丞。中书省主要负责处理大多数的政务。

　　1263年，他建立了枢密院，负责军事。5年后，最后一个主要机构御史台成立了，负责监察和向忽必烈报告汉地官员的情况。

　　这些机构在各省都设有分支机构，负责执行中央政府决定的政策。这些机构负责全国事务，此外还有很多专为大汗和皇宫提供服务的特殊机构，例如内务府、将作院等。

　　忽必烈简化并整合了行政管理系统。他采取了高鸣的建议，废除了自唐朝起就设立的门下省和尚书省，但保留了中书省，六部也并入中书省，该机构全权负责行政事务。

由于只有一个机构负责，行政管理应该进行得更顺畅。呈报皇帝的所有奏折都要经过中书省过滤，中书省负责起草法律，解决"涉及死刑之案件并设断事官辅助之"。

中书令经忽必烈批准，得作出重要决策，由各部负责执行。左丞相和右丞相负责向皇帝提出建议，并负责六部，而六部则负责贯彻执行政府政策，并在中书令患病、出行或无法视事时代行其政。

忽必烈在农业经济方面改革的关键是劝农。

1261年，他创建了一个机构劝农司，并任命8名官员开展支持农业

经济的计划。忽必烈选择姚枢总领该机构，显示了他对农业的重视程度。同样，劝农司的官员又挑选了一批精通农业的人员帮助农民耕作土地。

最终，一支规模庞大的官僚队伍被组织了起来，其职责是促进农业生产以及有效利用土地。还规定以辖区内百姓人口、户数的增加、开垦田亩的数目、赋税是否公平作为衡量官吏政绩好坏的标准。

忽必烈还诏令劝农司编成《农桑辑要》一书颁行全国，指导农业生产。忽必烈制定政策，促进土地的恢复，减轻农民赋税。他禁止牧人在农田里放牧牲畜。此外，他希望削减封地的权力，这对保护农民利益同样是很关键的。他尽力限制对老百姓提出过分的要求。

按照忽必烈所实行的新体系，原先农民向封地领主缴税改为向政府缴税，然后，税收收入由政府和领主平分。农民每年只需缴纳一次税，不必再担心领主反复无常地征税。

有时他还会豁免那些被征召承担特别劳役者的税。忽必烈一再发布命令，要求他的使节和军队不要向当地农民滥征税。

忽必烈希望帮助农民自己组织起来，促进经济的复苏。至1270年，他发现了一个合适的机制，这就是社。这是一种由政府支持的新的农村组织，大约由50

户组成，每个社有一个社长为其首领，首要目标是刺激农业生产，鼓励垦荒。

忽必烈对社所颁布的命令包括：助耕，植树，开垦荒地，改善防洪和灌溉设施，增加丝绸生产以及河湖养鱼等。社长要奖勤罚懒。

对于手工业，忽必烈在政府内设置了一定数量的机构，用于组织工匠和保障工匠的

利益。这些家庭作坊负责提供首饰、衣物以及纺织品等，以应宫中所需。另外，公共建设项目也需要技术熟练的工匠提供服务。

为了获得手工业者的忠诚，并帮助他们取得成功，忽必烈制定了有利于工匠的规章制度。政府向他们提供定量的食物、衣物、食盐等，并豁免他们强制性劳役的义务。

规定还允许他们在市场上公开出售自己制作的物品。因此，在忽必烈的统治下，工匠是一个令人羡慕的职业。

对市场经济方面，忽必烈的政策使商贾兴旺发达。

商人总是被看作寄生虫，本性诡诈，嗜财如命，因此以前不少帝王试图规范他们的商业活动和利润，严重的甚至取缔他们的商业活动，没收他们的赢利。

忽必烈对商人并没有这种成见，他给予了他们相当高的社会地位。因此，贸易活动在中国境内繁荣起来了，对外贸易也很兴旺。

穆斯林商人在中国与中亚、中东以及波斯的陆上贸易中担当了中介的角色。他们进口骆驼、马匹、地毯、药材以及香料等，出口中国的纺织品、陶瓷、漆器、生姜、桂皮等。

他们把中国的瓷器、丝绸以及铜钱等从东南港口城市泉州和福州运往西方，并运回宝石、犀牛角、药材、熏香、地毯、胡椒、肉豆蔻以及其他香料等。在当时，一些中国瓷器是专为出口而设计的。

个体商户和商人协会在蒙古语中叫做"斡脱"，他们对我国的经济作出了很大贡献。

元代法律要求，外国客商进入中国以后，必须立即把他们的贵金属换成纸币。这项政策给政府带来了巨额财富，而商人也愿意遵守这项规定，因为政府同时赋予他们开展对华贸易的权力以赚取丰厚利润。斡脱向政府提供了非常宝贵的服务，而朝廷则大力扶持斡脱。

例如，在蒙古征服战争期间，斡脱向蒙古贵族提供了急需的贷

款。作为报偿，忽必烈于1268年设立了一个斡脱监管机构。

该机构负责把来自蒙古贵族或政府的资金贷款给斡脱，月利息仅为0.8%，对比其他借贷者3%的月利息要低得多。

为了促进贸易并增加商人的利益，忽必烈决定在其辖区内流通纸币。忽必烈是第一位在全国范围内建立纸币流通系统的蒙古统治者。

忽必烈在执政的第一年，设计出了3种类型的纸币，其中之一在他任期内一直在使用。第一种汉语叫"丝钞"，是以丝绸为本位的货币。其他两种中统元宝钞和中统银货，则是由银子储备支持的银本位货币。中统元宝钞最后赢得了人们的信任，成为最流行的货币。

这些纸币在当时可能很容易得到并且使用很广泛，因为马可·波罗在叙述他13世纪在华生活的时候，曾对纸币有过详细的描述。至少直至1276年，这套货币系统运行良好，部分原因是忽必烈严格控制了纸币的发行量。

忽必烈帮助商人的其他方式还包括运输系统的改善。忽必烈大力提倡修路，在路的两旁种有杨柳和其他树木为道路遮荫。

另外，他还建立了驿站，虽然最初是专为传送官方邮件而设计的，但是也用于方便贸易活动。除了接待旅行的官员和外宾之外，驿站也用于客商的客栈。

在忽必烈统治末期，就有1400多个驿站，拥有可供役使的马大约5万匹，黄牛8400头，骡子6700头，马车4000辆，小船将近6000艘，绵羊1150只。

每个驿站的规模不等，但都有为旅客投宿准备的客房、厨房、大厅、牲畜圈棚、粮仓等。在一般的情况下，信使骑马在驿站协助下一天内能跑400千米，以递送重要信息。这在13世纪乃至以后的世纪都不能不说是一种了不起的高效率的邮政服务系统。

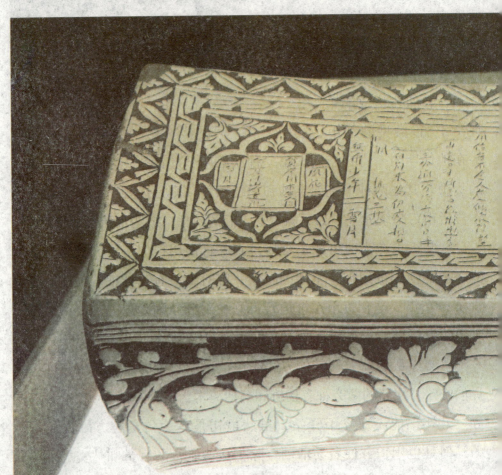

忽必烈的政策在许多方面都促进了贸易，同时也显示了他对商人的关心。他的统治是很成功的，商人的生意异常兴隆。

其他阶层的人们和行业群体，在忽必烈的统治下似乎也比在汉人皇帝统治下过得好。比如，医生就是一个受到元代政府青睐的职业

注重实用的蒙古统治者重视医学，因而使之成为一个很有吸引力的行业。医师的职业收入丰厚，并可通过影响患者，实践儒家思想中的仁爱理念。而且，医生经常被豁免劳役和其他赋税义务。

在政府的支持下，医生的社会地位得到了极大提高。

忽必烈这一系列经济措施，使饱受战乱破坏的中原地区的农业生产及商品经济基本上得到了恢复，有的地方甚至有了发展，为中原文明的保存和延续提供了可靠的物质基础，也为蒙古社会制度的封建化注入了新的物质内容。

在科技方面，忽必烈非常尊崇天文学家和其他科学家，并邀请了许多外国科学家来到中国。

1258年，波斯人在阿塞拜疆的马拉盖修建了观测站。他们制造了新的天文观测仪器，并且作出了重大发现。

1267年，忽必烈邀请波斯天文学家札马鲁丁来到中国传授这些发

现。札马鲁丁带来了圆球形的天体图、日晷、星盘、地球仪以及天象仪等，作为礼物献给元廷。他还献给忽必烈一本新的更精确的日历，汉语叫"万年历"。

1271年，忽必烈终于建立了穆斯林天文学院，即"回回司天台"。在这里，我国天文学家郭守敬利用波斯天象图和演算结果，制造出了自己的仪器，并设计出了他自己的日历《授时历》，该日历在稍作修改后在明代被广泛使用。

　　在忽必烈统治期间，穆斯林对地理知识的传播和地图绘制也作出了重要贡献。随着阿拉伯和波斯的旅行家、商人带来关于中亚和中东的信息。地理学在中国蓬勃兴起，并采用了阿拉伯资料中关于中国以外其他地区的资料。元代绘制的世界地图可能是以穆斯林资料为基础的，对亚洲和欧洲的标写相当准确。

　　他提出修建三学，设立教授从事教学，开设科举来选拔人才，考试时以讲经义为主，辞赋，策论次之。开设学校后，应选择开国功臣的子孙们来上学接受教育，挑选明智通理的人才负责教育方面事务。下令地方州郡对孔庙加以祭祀。以礼乐安定天下太平。

　　他以国家专门的资金供养天下那些不会做买卖而又没有财产的名士和老成博学的儒生，保障其基本衣食住行。在当时，孔庙的建设更进一步具体体现了忽必烈为获得儒士精英支持所作出的努力。元代代表定期向这位贤哲献祭，并在孔庙举行仪式。

　　他建立国史院，令王鹗招募史馆编修者、学士以及起草人。尽管在忽必烈任期内，无论是《辽史》还是《金史》都没有完成，甚至在他统治期间还没有动笔起草，但是王鹗毕竟为金朝史的修撰构想了一个有组织的计划。而忽必烈及其幕僚对此构想及其初步实施也功不可没。

忽必烈的一系列汉化改革举措，推动了农业生产的发展和社会经济全面复苏，巩固了封建国家的统治，加强了中央集权和对边疆地区的管辖，促进了民族交往和中外交流。

实行"汉法"加强了民族交往和中外交流，促进了多民族国家的发展，实现了更大范围的大一统，更促进了统一的多民族国家的巩固和发展。

拓展阅读

忽必烈的铁骑包围大理城以后，姚枢劝谏他不要滥杀。他采纳姚枢等人建议，派使臣前去劝降。

大理国王段兴智有归降之意，但大权在握的高和等人不想投降，并暗中将使者杀害。

忽必烈下令屠城。姚枢苦苦相劝无果。这时，刘秉忠把当权者比作牧羊人，把老百姓比作羊群，他说："牧羊人得罪了你，你拿无辜的羊出气，这公平吗？"

忽必烈立即下令"止杀"。

在这些汉族儒生的影响下，忽必烈对军队约束较严，这在当时是很不容易的。

矫国更俗

明清两代是我国历史上的近世时期。明清之际是一个大动荡，大分化，大改组的年代，有的史家称之为"天崩地裂"的时代。

明代张居正的改革、清代洋务运动和戊戌变法，是我国封建社会末期的一缕彩霞。改革浪潮中各派力量对现实的态度与主张，说明了变革与反变革的矛盾一直存在着。

不过，追论成功与失败，他们却为今天的改革者们提供了经验与教训，让这些不畏艰难的后来人，沿着漫漫的变革之路继续前行。

明代张居正改革

张居正是明代政治家和改革家，办事勤勉，讲求效率，为缓和社会矛盾，从维持明王朝的长远统治出发，在政治、经济、国防等各方

面进行了一系列改革。这次改革，成为明代走向沉暮历程中的一道亮光，使十分腐败的明代政治有了转机。

通过改革，强化了中央集权的封建国家机器，基本上实现了"法之必行"、"言之必效"，使明政府的财政收入增加，社会经济恢复和发展，国库充盈，仓库粮食可支用十年，并且在国防上增强了反侵略的能力。

　　张居正出身于寒门。但他自幼聪颖绝伦，早年得志，16岁中举，23岁就以二甲进士及第的身份，被选为翰林院庶吉士。从此，他跻身政坛，开始了坎坷而又辉煌的政治生涯。

　　在数十年的宦海生涯中，张居正一向注意观察和思考社会现实中的诸多难题，悉心探究历代盛衰兴亡的经验教训。他曾于1568年向明穆宗上了一封《陈六事疏》，试图革除嘉靖以来的各种弊端。

　　张居正提出的改革主张主要有禁绝空言、讲究实际，整肃风纪、严明法律，令行禁止、提高效率，严明考课、选拔人才，轻徭薄赋、安抚民众，训练军队、严守边防等。虽然在当时的情况下，这些主张还未能付诸实施，但我们从中可以窥探出张居正改革的最初蓝本，可以说，这是张居正全面改革的前奏。

　　1572年，穆宗驾崩，太子朱翊钧继位，改元"万历"，即明神宗。明穆宗在位时，十分信任张居正，因此他遗命张居正等3个大臣辅政。由于明神宗年幼，于是一切军政大事都由张居正裁决。

　　张居正改革首先从整顿吏治开始。他认为当时朝野政治腐败、民不聊生的主要原因在于"吏治不清"。为了整顿吏治，以达到为官清廉，治政清平，让人民生活安定，从而使封建政权长治久安的目的，张居正于1573年推行"考成法"。

　　考成法提高了办事效率，减少了各部门的相互推诿、扯皮，为精简机构、节省政府开支提供了可能。稍后，张居正便下令裁减部院诸司冗官和各省司、府、州、县官，以提高官吏的素质和行政效率。这些，都为此后张居正推行的各项改革奠定了基础。

　　通过整顿吏治和精简机构，张居正获得了一个效率较高、得心应手的行政班子，为推动经济改革做了思想上和组织上的准备。

　　张居正对嘉靖、隆庆时期行贿受贿、贪污腐败的社会状况深恶痛绝。因此，在整顿吏治的过程中，他果断采取措施，整治腐败，决心扭转政风士习，令出必行，有罪必罚，以重振往日的辉煌。

　　张居正在惩治腐败的过程中，清洗了一批奸邪庸碌之人。这些果敢严厉的措施，表现了张居正惩治腐败、"廓清浊氛"的决心和魄

力。明神宗曾经屡次严令惩贪追赃，张居正也就提出，对违法犯赃者，"不问官职崇卑，出身资格，一律惩治，必定罪而毫无赦免。"

在张居正柄国的10年间，据《国榷》记载，关于惩贪的叙述有16处，涉及各级官吏、军官以及扰民的宦官。

在惩贪的同时，张居正竭力倡廉举能。他认为，选拔官吏应该"以操守为先"，廉洁且有能力者为最佳人选。他还主张不循资格，不惑浮誉，官吏黜陟皆绳之以品行与才能，并向明神宗建议恢复中断已久的皇帝面奖廉能的制度。

奢风与贪风相长，惩贪必须抑奢崇俭。封建时代，帝王之举动，为万民所瞻，士大夫所效。因此，张居正一直谏说明神宗恤财节用人，在他的坚决抵制下，宫中许多不该浪费的钱财，较前有所减少。

在整顿吏治的同时，张居正还大力开展开源节流的经济改革，对帝国财政大加整顿。在节流方面，他起用水利专家潘季驯治理黄河。潘季驯采用堵塞决口、加固堤防的办法，束水攻沙以使河道畅流，基本上缓解了困扰多年的水患，从而节省了巨额的河政开支。

张居正还规定官员非奉公差不许轻扰驿递，违者参究，内外各官丁忧、起复、升转、改调、到任等项，均不得动用驿传，以厘革驿递冗费之弊。为了开辟财源，增加财政收入，张居正还重新丈量土地，改革税制。他选派精明强悍的官员严行督责，在全国重新丈量土地，清查漏税的田产。

他任用张学颜制定《会计录》和《清丈条例》，颁行天下，限令3年内各地要把清理溢额、脱漏、诡寄等项工作办妥。至1580年，据统计，全国查实征粮田地达四千多万公顷，朝廷的赋税收入也因而剧增，国库充盈。

为了进一步改变严重的赋役不均，减轻无地或少地的农民的浮税，适应社会经济发展的新形势，张居正在清丈土地的基础上，实行了赋役制度改革。

1581年，张居正通令在全国推行"一条鞭法"。这是自唐朝行"两税法"以来，我国赋税史上的又一次重大的改革。

"一条鞭法"又称"条编法"，其主要内容有：

统一役法，并部分地"摊丁入地"。主要是把原来的里甲、均徭、杂泛等项徭役合并为一，不再区别银差和力役，一律征银。

一般民人不再亲自出力役，官府需要的力役，则拿钱雇

人应差。向百姓征收的役银也不再像过去按照户、丁来出，而是按照丁数和地亩来出，即把丁役部分地摊到土地里征收，这就是所谓"摊丁入地"。

田赋及其他土贡方物一律征银；以县为单位计算赋役数目；赋役银由地方官直接征收，以减少各种弊病。

一条鞭法的实行，在我国赋役制度改革发展的历史进程中具有划时代的意义。第一，简化了赋役的项目和征收上的手续，大大限制了地方胥吏从中的营私舞弊；第二，赋役折银的办法，有利于雇役制度的发展；第三，从当时的社会实际来说，一条鞭法的实行，也有利于资本主义萌芽的进一步发展。

张居正在进行政治、经济等方面的改革时，重视整饬军备，加强边防。在蓟州一带，他任用戚继光镇守，练就守边的精兵，修筑了沿边防线的"空心敌台"，还因地制宜地练习车战战术，保卫了东起山海关、西至居庸关长城一带沿线的边防。

历史学家则称赞戚继光镇守蓟州十六年，"边备修饬，蓟门晏然"，戚继光也深得人民的拥护和爱戴。

在辽东，张居正重用李成梁。李成梁作战能力高强，善于指挥御敌，威望甚高。在他镇守辽东期间，曾多次平息东北少数民族的进犯，保卫了东北边境的安宁。

张居正还在东南沿海地区分段设寨，修整兵船，严申海禁。在他当政的万历初年，基本上肃清了多年以来一直困扰明廷的"南倭北虏"的边患。

张居正的改革犹如昙花一现，旋即凋谢。张居正离世后，保守势力得势，进行了迅猛的反扑，张居正的长子不胜刑罚而自缢，次子和其他几个孙子充军远方，家属因被查抄饿死10余人。

支持改革的官员如吏部尚书梁梦龙、兵部尚书张学颜、刑部尚书潘季驯、蓟镇总兵戚继光、宁远伯李成梁等，均遭到排挤迫害；而从前遭到张居正打击的人，大都被重新起用，以致朝政发生重大变化，考成法、一条鞭法被废止，张居正改革在其身后惨遭失败的厄运。

张居正改革是在明代中叶以来社会危机日益严重的情况下实行的政治变革。在张居正秉政期间，对明王朝的政治、经济、军事等进行了多方面的改革，整顿了吏治，巩固了边防，国家财政收入也有明显的好转。

据记载，万历初年太仓的积粟可支用10年，国库的储蓄多达400余万，国泰民安，国力臻于极盛。从这些方面来看，张居正改革确实取得了重大的成就。因此，他被明代著名思想家、文学家李贽誉为"宰相之杰"。

总之，张居正以超人的胆识，尽量利用了历史舞台所能给他提供的条件，去大刀阔斧地进行改革活动，并取得了比商鞅、王安石变法所取得的更大的成果，其中有若干历史经验，值得后人借鉴。

拓展阅读

张居正非常注重对小皇帝的教育培养。

一次，张居正讲了宋仁宗不喜欢佩带珠宝玉器的故事，小皇帝接着就说："是呀，应当把贤德有才能的大臣当做宝贝，珠宝玉器对治理国家有什么益处呢？"

张居正跟着启发说："陛下说得非常对，还有，圣明的国君都非常重视粮食，并不看重珠玉。粮食可以养人，珠玉既不御寒又不能当粮。"

小皇帝高兴地说："对呀。宫妃们都喜欢穿衣打扮，我就要减掉她们的费用。"

张居正答："陛下能想到这层，是国家有福啊！"

清代戊戌变法

戊戌变法又名百日维新、戊戌维新、维新变法，是光绪皇帝领导的短暂政治改革运动。变法深入经济、教育、军事、政治及官僚制度等多个层面，希祈清朝走上君主立宪之路。变法失败引发了民间更为激烈地支持改革主张。

戊戌变法是我国历史上一次爱国救亡运动，它要求发展资本主义经济和扩大资产阶级政治权力，符合近代中国发展的历史趋势。它传播了资产阶级新文化、新思想，批判了封建主义旧文化、旧思想，也是一次思想启蒙运动，在我国近代历史上具有巨大的影响。

洋务运动未能根本地改变清的落后，此次运动失败后出现了要求从更基本层面，包括政治体制上进行变法维新的强烈声音。

变法维新运动开始于1895年于北京发生的公车上书。当时齐集在北京参与科举会试的各省举人收到《马关条约》，得知了清朝割去台湾及辽东，并且向日本赔款白银两万万两的消息，一时间群情激动。

4月，康有为和梁启超作出了呈给皇帝的万言书，并在书中

提出"拒和、迁都、练兵、变法"的主张，得到1000多人联署。

5月2日，两人连同18省举人及数千北京官民，集合在都察院门前要求代奏光绪帝。进京参加会试的举人是由各省派送，依照惯例，对进京参加会试的举人又俗称为公车，故此称为"公车上书"。

虽然公车上书在当时没有取得直接实质的效果，却形成了国民问政的风气，之后催生了各式各样不同的议政团体。当中由康有为和梁启超两人发起的强学会最为声势浩大，一度得到帝师翁同龢和湖广总督张之洞等清朝高级官员的支持。

1898年初，康有为联名上书要求推行新政，但是康有为非四品官，无权上书皇上。

1月29日，康有为的奏折首次转呈光绪，光绪命令允许康有为随时

上书。同日，康有为第六次上书。

2月，康第七次上书，再次建议皇帝效仿彼得大帝和明治天皇的改革，并且呈上他自己的著作《日本变政考》和《俄大彼得变政记》和其他有关各国改革的书籍。

光绪连接康有为上书，便在此后每日阅读，加强了改革的决心。

6月10日，光绪令翁同龢起草《明定国是诏》，送呈慈禧审查，得到批准，于6月11日颁布《明定国是诏》，表明变革决心，变法由此开始。因1898年是戊戌年，故称"戊戌变法"。

6月16日，光绪首次召见康有为。

康有为觐见光绪帝时，开宗明义说："大清快要灭亡了。"

光绪答这是保守官员所累。

康有为说靠那些官员推动改革等如缘木求鱼，康有为用了大量的时间，力陈变革之必要。

这是光绪与康有为首次也是唯一一次会面。数日后，光绪调任他为总理事务衙门章京行走，但是官位仅至六品，而康有为早于3年前已经是六品官。

随后，光绪又召见梁启超，并且仅委派其出任六品的办理译书局事务。梁启超获得任命后离开北京，没有再次参与新政。在整个变法的过程中，作为骨干成员的康有为与梁启超，各自仅见过光绪一次。

新政内容主要涵盖教育及军事等多方面的政策和体制。其最终目标，是推行君主立宪制。康有为向光绪皇帝赠送康有为自己的著作《日本变政考》和《俄罗斯大彼得变政记》，还有李提摩太翻译的《泰西新史揽要》和其他有关各国改革的书。这是光绪倾向以明治维

新为改革的蓝本。

教育改革是维新派最重视的地方，细节包括：举办京师大学堂；所有书院、祠庙、义学及社学一律改为兼习中西学的学堂；各省设高等学堂，府城设中学，州县设小学；鼓励私人开办学堂；设立翻译、医学、农、商、铁路、矿、茶务及蚕桑速成学堂；派遣皇族宗室出国游历，挑选学生到日本游学；废八股文、乡试会试及生童岁、科考试，改考历史、政治、时务及四书五经，以及定期举行经济特科；设译书局；颁发著书及发明给奖章程，保荐优秀人才。

在经济建设方面，康有为强调：以工商立国，才能富国养民；因为官办企业多有弊病，故此也着重鼓励民办企业；设铁路矿务总局、农工商总局，并且在各省设分局；广泛开设农会，刊印农报，购买农具，订立奖励学艺、农业程序，编译外国农学书籍，采用清西各法切实开垦；颁发制器及振兴工艺给奖章程；在各地设立工厂；在各省设

商务局、商会，保护商务，推广口岸商埠；开放八旗经商的禁令，名其学习士农工商自谋生计；倡办实业，促进生产。

在军事方面，改用西洋军事训练；遣散老弱残兵，削减军饷须支，实行团练，裁减绿营，举办民兵；颁发兴造枪炮特赏章程；筹设武备大学堂；武科停试弓箭骑剑，改试枪炮。

在政治方面，裁减冗官；设置京卿学士，以集思广益；准许地方官与士民上书；更改上海《时务报》为官

报，创设京师报馆；解除报禁，允许民间创立报馆。

康有为还有好些未发表的新政，如尊孔圣为国教，立教部及教会，以孔子纪年，制定宪法，开国会，君民合治，满汉平等，皇帝亲自统帅陆海军，改年号为"维新"，断发易服及迁都上海等。康有为自君民合治以下的新政都得到了光绪的同意。

戊戌政变新政一开始便遭到原来各大臣的抵制。特别是北洋大臣、直隶总督荣禄，更是保守派的头目。

1898年9月16日，光绪帝在颐和园召见统率北洋新军的直隶按察使袁世凯，面谈后升任他为侍郎候补。此外，荣禄还以英俄开战为由，催袁世凯急回天津。

据袁世凯的日记，之后谭嗣同于9月18日夜访袁世凯住处，透露皇上希望袁世凯可以起兵勤王，诛杀荣禄及包围慈禧太后住的颐和园。

9月20日，袁世凯回到天津，将谭嗣同的计划向荣禄报告。9月21日回宫后的慈禧太后临朝，宣布戒严，火车停驶。并立即幽禁光绪帝，废除新政，搜捕维新党人。

维新党人中，康有为早离开北京，梁启超逃入日本使馆。谭嗣同拒绝出走，表示："各国变法，无不从流血而成；今中国未闻有因变法而流血者，此国之所以不昌也。有之，请自嗣同始。"其他数十人被捕。9月28日，谭嗣同、杨锐、林旭、刘光第、杨深秀、康广仁6人在北京菜市口惨遭杀害。史称"戊戌六君子"。

戊戌变法是我国近代史上具有重大意义的事件。戊戌变法是一次爱国救亡运动。它要求发展资本主义经济和扩大资产阶级政治权力，符合近代我国发展的历史趋势，因此也是一次进步的政治改良运动。它传播了资产阶级新文化、新思想，批判了封建主义旧文化、旧思想，又是一次思想启蒙运动。

由于变法失败，我国失去了一批倾向在原有体制内下实行改革的精英和支持者，代之而起的是主张激烈变革，推翻原有制度和政府的革命者，最后造成了清朝的覆亡，我国2000多年的帝制也画上句号。

拓展阅读

光绪皇帝和自己的老师翁同龢感情非常好。

有一次慈禧生病，宫里的人全照管慈禧了。当时贵为天子的小光绪，竟然要自己铺床，自己倒茶喝。结果手弄流血了，胳膊烫伤了。后来帝师翁同龢实在看不过去，大骂值班太监。

此时，与亲人分离好久的小光绪又找了一份安慰，他拉着老师的衣角，急着告太监对他的不公平。

翁同龢老师也是后来变法的时候一直支持光绪皇帝的，是保皇党的，甲午海战失败以后的不平等条约就是翁同龢签的字。